NATUR
PARADIESE
SCHWEIZ

40 Tagestouren zu
unberührten Landschaften
und Naturdenkmälern

NATUR PARADIESE SCHWEIZ

40 TAGESTOUREN ZU UNBERÜHRTEN LANDSCHAFTEN UND NATURDENKMÄLERN

WERDVERLAG.CH

IMPRESSUM

Alle Rechte vorbehalten, einschliesslich derjenigen des auszugsweisen Abdrucks und der elektronischen Wiedergabe.

© 2017 Werd & Weber Verlag AG, CH-3645 Thun/Gwatt

Redaktion
Werd & Weber Verlag AG, diverse Redaktoren.

Karten
Reproduziert mit Bewilligung des Bundesamtes für Landestopographie vom 1.4.1997

Reinzeichnung Karten
Doris Grüniger, Zürich

Gestaltung
Sonja Berger, Werd & Weber Verlag AG

Satz
Manuela Krebs, Werd & Weber Verlag AG

Korrektorat
Lars Wyss, Werd & Weber Verlag AG

ISBN 978-3-85932-844-0

www.werdverlag.ch
www.weberverlag.ch

INHALT

Graubünden

- ① Nationalpark................................. 9
- ② Val Tantermozza 17
- ③ Münstertal................................. 23
- ④ Puschlav................................... 29
- ⑤ Hinterrhein................................ 35
- ⑥ Silvretta-Vereina 43

Ostschweiz

- ⑦ Kantonsgrenze TG/SG 49
- ⑧ Reservat Kaltbrunner Riet 59
- ⑨ Thurweg 67
- ⑩ Randen..................................... 73

Zentralschweiz

- 11 Maderanertal 81
- 12 Fellital 87
- 13 Muotatal 95
- 14 Melchtal 101
- 15 Glaubenbielen 107
- 16 Entlebuch 115
- 17 Kantonsdreieck AG/ZG/ZH 125

Nordwestschweiz

- 18 Planetenweg 133
- 19 Wasserfallen-Wanderung 139
- 20 Schlucht des Doubs 145
- 21 Freiberge 153

Bernerland

- 22 Bielersee 161
- 23 Reservat Fanel 169
- 24 Bern 175
- 25 Reservat Hohgant-Seefeld 183
- 26 Grindelwald 191

Inhalt

Westschweiz

- **27** Combe Grède 197
- **28** Hochmoor Les Bieds 205
- **29** Creux du Van 213
- **30** Zentrum Champ Pittet 221
- **31** Parc jurassien vaudois 229

Wallis

- **32** Binntal 239
- **33** Baltschiedertal 247
- **34** Turtmanntal 253
- **35** Euseigne 261
- **36** Val de Bagnes 267

Tessin

- **37** Airolo 275
- **38** Bavonatal 283
- **39** Monte San Giorgio 289
- **40** Monte Generoso 297

1 NATIONAL PARK

- VALLUN CHAFUOL – SPÖL-BRÜCKE – PLAN PRASPÖL – PLAN DA L'ACQUA SUOT – PUNT PERIV – CHARBUNERA – PUNT LA DROSSA

Der Nationalpark für Anfänger

Vom Spöltal nach Punt la Drossa

Stilles und lebendiges Wasser

Der 1914 gegründete Schweizerische Nationalpark im Unterengadin ist ein wildes Bergland. Entsprechend sind die meisten Touren in diesem Naturschutzgebiet recht lang, steil und anstrengend. Eine Ausnahme macht unsere Wanderung dem Talfluss Spöl entlang. Sie dauert rund drei Stunden und kommt mit je etwa 300 Meter Steigung und Gefälle aus – ideal, um einen ersten Eindruck von der mit 169 Quadratkilometern grössten Wildnis der Schweiz zu gewinnen. Von den 250 000 Besucherinnen und Besuchern des Nationalparks bleiben die meisten in der Nähe der Ofenpassstrasse, welche sich mitten durch das Reservat windet. So ist die Chance gross, dass man im einsamen Spöltal auf weite Strecken allein wandern kann. Trotz strenger Schutzbestimmungen («keine Axt und kein Schuss») ist der Spöl wasserwirtschaftlich genutzt. Nahe der Parkgrenze oberhalb von Zernez befindet sich die Kraftwerkzentrale von Ova Spin; im Park selber liegt ein langgestreckter Stausee, und wenig südlich zieht sich die Staumauer des Livigno-Sees quer über die Landesgrenze zu Italien. Immerhin ist die im Fluss verbleibende Restwassermenge beträchtlich, so dass nicht der Eindruck eines toten Gewässers aufkommen kann. Und der schmale See im Park, der kurz nach Wanderbeginn auf der Fussgängerbrücke hinüber nach Plan Praspöl überquert wird, wirkt durchaus natürlich: tiefgrün, still und geheimnisvoll... Weiter talaufwärts zeigt sich der Spöl dann von seiner lebendigen Seite: Sein munteres Rauschen ist das einzige Geräusch in dieser Bergwaldwildnis.

Der letzte Bär

Wer je einen nordamerikanischen Nationalpark besucht hat, findet hier viele Anklänge an jene Landschaften – nur dass die Bären fehlen. Im Unterengadin wurde der letzte Petz 1904 erlegt, gerade zehn Jahre vor der Errichtung des Schweizerischen Nationalparks. Das Fehlen grösserer Raubtiere im Park bekommt dem ökologischen Gleichgewicht schlecht, und so müssen, weil sich die Hirsche über Gebühr vermehren und der – ebenfalls geschützten – Vegetation schaden, gelegentlich Hegeabschüsse angeordnet werden.

Vom Wildreichtum (ausser Hirschen sind Gemsen, Steinböcke, Rehe und Murmeltiere anzutreffen) profitiert, wer auf einem der markierten Wege unterwegs ist: Wer sich nicht ganz ungeschickt anstellt, bekommt mit etwas Glück ein Rudel oder zumindest ein Einzeltier zu Gesicht. Voraussetzung ist, dass man sich still verhält: also nicht reden oder lachen unterwegs! Sehr zu empfehlen ist ein Feldstecher, der auch unzugängliche Gebiete der Beobachtung erschliesst.

Unser Wandergebiet verläuft in Höhenlagen zwischen 1600 und 1900 m ü. M. Hier befindet sich das Hauptverbreitungsgebiet der Hirsche. Im Park gibt es deren rund 2000 – ungefähr doppelt so viele, wie diese Naturlandschaft im ökologischen Gleichgewicht vertragen würde. Weiter oben fühlen sich die Steinböcke heimisch. Das stolze Wappentier Graubündens war im Unterengadin durch übermässige Jagd bereits im 17. Jahrhundert ausgerottet worden. Nach Eröffnung des Nationalparks setzte man 34 Tiere aus; sie haben sich seither erfreulich vermehrt und bleiben auch während des strengen Winters trotz Frost und Lawinen im Park. Die Hirsche und Rehe sowie die meisten Gemsen hingegen verbringen die kalte Jahreszeit unten im Tal, wo sie von den Anwohnern auch gefüttert werden.

Der Spöl fliesst ins Tal – er mündet bei Zernez in den Inn.

Steinadler und Bartgeier

Im Nationalpark wieder angesiedelt wurde auch der vor rund hundert Jahren in der Schweiz ausgerottete Bartgeier, fälschlicherweise auch Lämmergeier genannt (obwohl er als Aasfresser keine jungen Schafe raubt). Seit dem Sommer 1991 müssen sich die Steinadler mit den Neuankömmlingen den Luftraum über dem alpinen Biotop teilen. Adler und Geier beanspruchen zwar den gleichen Lebensraum, sie sind aber keine direkten Konkurrenten bei der Nahrungsbeschaffung.

Bis zur Brücke Punt Periv verläuft unsere Wanderroute stets auf der Westseite über dem Spöl. Immer wieder sind Seitenbäche zu überqueren, die von der Bergkette des Piz Terza (2686 m ü. M), Piz dal Diavel (3062 m ü. M.) und Piz da l'Acqua (3118 m ü. M.) herunterströmen. So erfreulich es sein mag, auf ungebändigtes Bergwasser zu treffen: Gelegentlich ist die Passage mit einigem Balancieren oder Hüpfen von Stein zu Stein verbunden, da ein Übergang fehlt.

Die Brücke Punt Periv über den Spöl.

Nationalpark

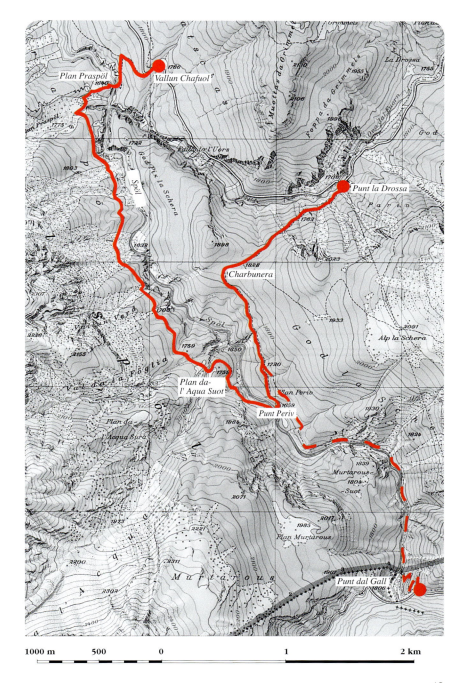

Jeder alte Stamm im Nationalpark ist eine Persönlichkeit.

Punt Periv – die letzte Spölbrücke vor der Landesgrenze, also peripher gelegen, wie sich der Name deuten lässt – ist Wendepunkt der Wanderung. Fortan geht es über dem Ostufer durch den Wald God la Schera nach Charbunera (einem alten Köhlerplatz), mit 1828 m ü. M. dem höchsten Punkt des Tages. Hier wechselt der Pfad vom Landeskartenblatt «Piz Quattervals» zurück auf Blatt «Zernez» und gleichzeitig vom Spöltal hinüber ins Tal des Seitenbaches Ova dal Fuorn, das sich vom Ofenpass herunterzieht. In zuerst sanftem, dann steilem Abstieg wird Punt la Drossa mit der Postautohaltestelle für die Rückfahrt nach Zernez erreicht.

Variante Punt dal Gall

Wer nach dem Überqueren der Brücke Punt Periv weiter dem Spöltal flussaufwärts folgen möchte, kann bis zur Nationalpark- und Landesgrenze bei Punt dal Gall weiterwandern. Diese Variante zweigt bei Punkt 1720 ab und ist landschaftlich abwechslungsreicher als die Fortsetzung der Standard-Tour. Besonders eindrücklich wirken die schluchtartige Passage kurz vor Punt dal Gall und der Kontrast zwischen unberührter Naturlandschaft und der plötzlich auftauchenden Bogenstaumauer des Livigno-Sees.

Der grösste Teil des Lago di Livigno liegt auf italienischem Territorium; die Grenze zur Schweiz verläuft mitten über die Staumauer. Die Wanderung bis Punt dal Gall ist um eine halbe Stunde länger als nach Punt la Drossa. Für die Rückkehr von der Landesgrenze gibt es zwei Möglichkeiten: entweder zu Fuss auf gleichem Weg bis Punkt 1720 und dann über Charbunera nach Punt la Drossa (anderthalb Stunden), oder aber man bittet jemanden um Mitfahrt im Auto durch den Tunnel nach Punt la Drossa.

Nationalpark

Informationen

Route	Vallun Chafuol an der Ofenpassstrasse – Spölbrücke – Plan Praspöl – gegen Süden dem Spöl entlang flussaufwärts – Plan da l'Acqua Suot – Punt Periv (Spölbrücke) – Charbunera – Punt la Drossa an der Ofenpassstrasse.
Anreise	Mit der Rhätischen Bahn ab Chur nach Zernez im Unterengadin, dann mit dem Postauto nach Vallun Chafuol.
Rückreise	Ab Punt la Drossa mit dem Postauto nach Zernez.
Wanderzeit	3 Stunden mit je 300 Meter Steigung und Gefälle.
Variante	Von Punt Periv statt nach Punt la Drossa weiter dem Spöl entlang (nun auf dem Ostufer) bis zum Staudamm von Punt dal Gall an der Landesgrenze; Einzelheiten im Text, Identitätskarte mitnehmen.
Karten	Landeskarte der Schweiz 1:25 000, Blätter 1218 «Zernez» und 1238 «Piz Quattervals».
Jahreszeit	Sommer und Herbst.
Besonderes	Wege nicht verlassen, Tier- und Pflanzenschutz respektieren, kein Feuer anzünden, nicht campieren.
Internetlinks	www.myswitzerland.com, www.nationalpark.ch

2 VAL TANTER-MOZZA

- CAROLINA – VAL TANTER-MOZZA – CHAMANNA PUNKT 1771 – CAROLINA

Sackgassen-Wildnis bei Zernez

Das urtümliche Val Tantermozza

Ausguck vom Aushubberg

Die ehemalige Haltestelle Carolina an der Strecke St. Moritz – Zernez der Rhätischen Bahn (RhB), welche heute als Ausweichstelle dient, trägt nicht nur einen hübschen Namen, sondern ist auch selten prächtig inmitten eines Lärchen- und Föhrenwaldes gelegen. Eine reine Idylle unweit der Grenze zum Schweizerischen Nationalpark; schade bloss, gibt es hier kein lauschiges Bahnhofbuffet. Doch wer im Nationalpark wandern will, muss die Verpflegung ohnehin selber mitschleppen (und die Abfälle selbstverständlich wieder zurücktragen). Die heutige Tour führt ins Sackgassental Val Tantermozza an der Nationalpark-Nordflanke. Das Talgewässer Ova da Tantermozza fliesst wenig oberhalb von Zernez in den Inn. Allerdings wird der grösste Teil des Wassers gleich ausserhalb der Parkgrenze gefasst und zur Elektrizitätsgewinnung in Stollen geleitet. Unweit von Carolina ist mit dem Aushub des Stollenbaus eine Verebnung geschaffen worden, von wo aus man einen instruktiven Ausblick über das Inntal geniesst. Es ist auch ein idealer Standort für Eisenbahnfreunde: Hier lassen sich die roten Züge der Rhätischen Bahn vor grünem Hintergrund auf der Eisenbahnbrücke über das Tantermozza-Tobel fotografieren.
Doch wir sind ja nicht zur Zug-, sondern zur Naturbeobachtung ins Unterengadin gekommen. Wer zum Picknick eine Wurst braten möchte, muss dies noch hier tun: Im Nationalpark ist Feueranzünden untersagt!

Kein Sonntagsspaziergang

Dann geht es auf steilem, schmalem Pfad ins wilde Val Tantermozza hinein. Ein Schild markiert die Parkgrenze. Nun fällt auf, wie Baumstämme – zum Teil schon halb vermodert, zum Teil vor kurzem erst

Val Tantermozza

Das Val Tantermozza ist eine Sackgasse: Auf dem Rückweg geht der Blick nordwärts gegen das Inntal.

entwurzelt – kreuz und quer im Bergwald liegen. Hier räumt niemand auf! Unser Pfad ist, wie alle Fussverbindungen im Nationalpark, als Bergweg markiert, und dies mit gutem Grund: Stellenweise verläuft die Route durch Steinschlagrunsen, wo Naturgewalten die in den Hang gekerbte Spur immer wieder zu unterbrechen drohen. Trittsicherheit, Sprungkraft und Schwindelfreiheit zählen deshalb zu den Voraussetzungen für diese kleine Expedition – Wanderungen im Nationalpark sind keine Sonntagsspaziergänge.

Für die Mühen entschädigt die eindrückliche Landschaft. Wildnis, Bachrauschen, Bergkulissen... Obwohl das betriebsame Inntal nur wenige Kilometer entfernt verläuft, fühlt man sich hier in fast völliger Abgeschiedenheit. Allgemeine Informationen zum Nationalpark finden sich im Text der vorangehenden Wanderung.

Menschen bleiben ausgesperrt

Bei der Blockhütte («Chamanna» auf der Landeskarte) bei Punkt 1771 ist Endstation. Die Markierungen aus Steinen und Holzpfosten rund um die Blockhütte setzen uns deutliche Grenzen: bis hierher und nicht weiter. Für einmal sehen sich die Menschen ausgesperrt, während das Wild den ganzen oberen Talbereich zur Verfügung hat.

Für Touristinnen und Touristen erweist sich das Tal als Sackgasse, denn dieser Teil des Nationalparks ist durch keine Wege mit dem Rest des Reservats verknüpft: Der Piz Quattervals im Talhintergrund erscheint so unerreichbar wie ein Himalaja-Gipfel. Aus diesem Grund wird das Val Tantermozza auch verhältnismässig selten besucht. Nach ausgiebiger Rast (und dem Gewissensproblem, wie man zudringliche Fliegen auf dem Schinkenbrot bei dem geltenden Tierschutz beseitigen darf) geht es auf gleichem Weg zurück.

Unterwegs wird klar, warum gerade dieses abgelegene Gebiet als Nationalpark ausgewählt wurde: Hier fallen die Bergflanken dermassen steil ab, und die inzwischen von Buschwerk überwachsenen einstigen Alpweiden sind so karg und steinig, dass auch früher der wirtschaftliche Nutzen recht gering gewesen sein muss.

Wirres Wurzelwerk macht es manchmal schwierig, im Nationalpark den Wegverlauf zu erkennen.

Val Tantermozza

Informationen

Route	Carolina bei Zernez – Val Tantermozza – Chamanna Punkt 1771 – Carolina.
Anreise	Ab Chur zur ehemaligen Haltestelle Carolina zwischen Brail und Zernez.
Rückreise	Ab ehemaliger Halstestelle Carolina zurück nach Brail oder Zernez. Weiterfahrt nach Chur.
Wanderzeit	3 Stunden mit je 200 Meter Steigung und Gefälle.
Variante	Auf dem Hin- und/oder Rückweg nicht ab Carolina, sondern ab Zernez. Zusätzliche Wanderzeit eine Stunde.
Karten	Landeskarte der Schweiz 1:25 000, Blatt 1218 «Zernez».
Gaststätte	Zernez.
Jahreszeit	Sommer und Herbst.
Besonderes	Schutzvorschriften des Schweizerischen Nationalparks beachten (siehe auch vorhergehende Wanderung, mit der sich die Tour ins Val Tantermozza ideal kombinieren lässt).
Internetlinks	www.zernez.ch, www.nationalpark.ch

❸ MÜNSTERTAL

• LÜ – LÜSAI – STAVELS – CHAUNT – MUGLIN – MÜSTAIR

Im äussersten Osten der Schweiz

Von Lü nach Müstair im Münstertal

Kristallklares Wasser für Venedig

Stolz nennt sich Lü auf 1920 m ü. M. die höchstgelegene Gemeinde Europas (im Übrigen eine Selbstzuschreibung). Lü lohnt einen Aufenthalt, ob wir nun im heimeligen Gasthof einkehren oder nicht.
Wer die Geographie kennt, weiss um eine Besonderheit des Val Müstair. Dieser «Wurmfortsatz» des Unterengadins jenseits des Ofenpasses/Pass dal Fuorn entwässert als einziges Tal der Schweiz zur Etsch/Adda hin, dem 415 Kilometer langen Hauptfluss des Südtirols. Kristallklar sprudelt das Wasser in dem auf weite Strecken naturnah gebliebenen Bett des Rombachs; es wird bei Venedig in die etwas weniger klare Adria münden.

Schutz durch Traditionsliebe

Der Rombach – Il Rom – entspringt an der Ostseite des Ofenpasses und schlängelt sich als blaue Leitlinie über zwanzig Kilometer durch das ganze Münstertal. Parallel dazu verläuft, zuerst in einiger Entfernung, auf dem letzten Teilstück dann unmittelbar am Ufer, unsere Wanderroute. Aus der Vogelschau bei Lü sind fast alle der längs des Bachlaufs aufgereihten Dörfer im Talgrund zu erkennen: Tschierv mit seinem Campingplatz, das langgezogene Fuldera, Valchava und Sta. Maria. Allein Müstair mit dem Kloster bleibt vorerst unserem Blick entzogen.

Die Gemeinde Lü im Val Müstair.

Traditionsbewusstsein der Einwohnerschaft sowie strenge Baugesetze haben im Münstertal die Zersiedlung und Landschaftsverschandelung zu verhindern vermocht. Noch immer prägt eine ans Engadin anklingende Architektur mit bemalten, meterdicken Steinmauern die Ortschaften.
Von Lü folgen wir zuerst dem Strässchen Richtung Fuldera, passieren den Weiler Lüsai und beginnen bei Stavels auf 1656 m ü. M. unsere Hangtraverse nach Chaunt, gefolgt vom recht steilen Abstieg nach Muglin. Dieser Dorfteil von Valchava liegt am Norduferdes Rombachs, der hier, wie der Name verrät, Anlass zum Bau einer Mühle gab. Zwar dreht sich nun kein Wasserrad mehr, aber auf gut 1400 m ü. M. wird hier noch immer Getreide angebaut. Warme, trockene Sommer- und Herbsttage bringen die Ähren rechtzeitig zur Reife, bevor dann im Winter die Sonne während etlicher Wochen den Talboden nicht mehr zu erreichen vermag.

Uferflora und Auenwald

Erker und Malereien schmücken die Fassaden im Dorf Müstair.

Von Muglin bis Müstair folgt der Weg dann in kurzweiligen Windungen dem ungezähmt dahintosenden Rombach. Wie schön, einmal ein nicht in Röhren gefasstes oder in Stollen verlegtes Alpengewässer erleben zu dürfen! Ebenso natürlich wie der Bachlauf – bei Hochwasser eher schon ein Fluss – ist der begleitende Ufersaum mit seiner an die vielfältigen Lebensräume angepassten Vegetation: tiefwurzlige Pionierpflanzen im Geröll, feuchtigkeitsliebende Flora im Überschwemmungsbereich, auf sandigem Boden gründendes Gehölz des Auenwaldes.

Das Dorf Santa Maria, wo die Passstrasse auf den Umbrail gegen Süden abzweigt, erblicken wir nur vom Gegenufer des Rombachs aus. In Müstair hingegen sollten wir uns den Besuch der Kirche des Benediktinerinnenklosters San Gian am Nordrand des Dorfes unweit der Grenze zum italienischen Südtirol nicht engehen lassen. Mit ihren prächtigen romanischen Wandfresken fand sie Aufnahme ins Verzeichnis der Weltkulturgüter der Unesco. Das Kloster mit seinem romanischen Gotteshaus war im frühen 9. Jahrhundert auf Weisung von Kaiser Karl dem Grossen in der Absicht gegründet worden, das damals noch wilde Tal zu besiedeln. Nach der frommen Stätte wurde das ganze Tal wie das später entstandene Dorf benannt: Müstair stammt vom lateinischen «monasterium», Kloster.

Münstertal

Informationen

Route	Lü – Lüsai – Stavels – Chaunt – Muglin bei Valchava – dem Rombach entlang nach Müstair.
Anreise	Ab Chur mit der Rhätischen Bahn nach Zernez im Unterengadin, dort mit dem Postauto über den Ofenpass/Pass dal Fuorn nach Fuldera im Münstertal/Val Müstair und mit Anschluss-Postauto hinauf nach Lü.
Rückreise	Ab Müstair mit dem Postauto über den Ofenpass zurück nach Zernez.
Wanderzeit	3 Stunden mit 700 Meter Gefälle.
Variante	Die Tour schon auf dem Ofenpass beginnen und via Alp da Munt und Alp Champatsch nach Lü wandern. Zusätzlich zweieinhalb Stunden mit leichtem Gefälle.
Karten	Landeskarte der Schweiz 1:25 000, Blätter 1239 «Sta. Maria» und 1239 bis «Müstair».
Gaststätten	Lü, Valchava, Müstair.
Jahreszeit	Sommer und Herbst.
Besonderes	Diese Tour lässt sich gut mit den beiden vorhergehenden Nationalpark-Wanderungen verbinden.
Internetlink	www.muenstertal.ch

4 PUSCHLAV

- SFAZÙ – LA TUNTA – SALINA – LUNGACQUA – ALP CAMP – SAOSEE – POZ DA – RÜGIUL – TERANZA – SURACQUA – BOSCH DA LA CROTA – POZZULASC

Wo am Saoseosee im Puschlav...

...die Wanderseele Frieden findet

Baumgrenze bei 2200 m ü. M.

Graubünden ist das Land der 1000 Täler. Zu den schönsten zählt das Val da Camp – auch Val di Campo genannt – im italienischsprachigen Puschlav. Die weite Anreise auf die Südseite des Berninapasses lohnt sich: Hier finden sich im Verlauf eines einzigen Wandertages fast alle Landschaftselemente vereinigt, die uns in die Berge ziehen. Begreiflicher- und glücklicherweise steht das Val da Camp denn auch unter Landschaftsschutz.

Ungeheuer steil senkt sich von der Berninapasshöhe das Gelände in mehreren Stufen zuerst nach Poschiavo, dem Hauptort des Puschlavs, und dann weiter nach Tirano im italienischen Veltlin hinunter. Heute aber bleiben wir im Bereich des Bergwaldes zwischen 1600 und 2200 m ü. M. So hoch steigen hier im Val da Camp nämlich die Lärchen, während weiter unten Arven und Fichten vorherrschen. Ausgangspunkt der langen, aber nicht übermässig anstrengenden Wanderung ist der Weiler Sfazù bei 1622 m ü. M. – mit Gastwirtschaft – an der Berninapassstrasse.

Zwischenhalt SAC-Hütte

Als sich im Val da Camp die Gefahr einer ungeordneten Ferienhausbesiedelung abzeichnete, waren es nicht etwa Naturschützer von der Alpennordseite, sondern lokale Puschlaver Meinungsträger, die eine Unterschutzstellung des idyllischen Fleckens Erde durchsetzten. Zu den Schutzmassnahmen gehört neben einem Bauverbot auch das Fahrverbot auf dem Strässchen von Sfazù hinauf zur Alp Camp. Einzig alpwirtschaftliche Zubringer und das Mini-Postauto dürfen auf dieser ungeteerten Holperstrecke verkehren. Wer sich den Wandertag um gute zwei Stunden und immerhin 450 Höhenmeter verkürzen möchte, mag gerne mitfahren und den Fussgängerkollegen am Strassenrand zuwinken.

Der Anmarsch hat allerdings den Vorteil, dass man sich auf diese Weise langsam in die Berglandschaft hineinlebt. Schritt um Schritt steigt man höher, bemerkt den Wechsel in der Vegetation, sieht neue Berge am Horizont auftauchen und kann sich in der SAC-Hütte Saoseo auf der Alp Lungacqua eine verdiente Erfrischung gönnen.

Hier, bei der 2000-Meter-Höhenkurve, beginnt das eigentliche Naturparadies und der zweite Teil der Wanderung. Vielleicht ein kurzer Abstecher zur Alp Camp mit Blick nach Norden ins Val Mera – sonst kann man von Lungacqua aus auch direkt gegen die Seen im Talhintergrund des Val da Camp traversieren. Den Saoseosee lassen wir vorerst rechts liegen, erreichen den kleinen, verträumten Lagh da Scispadus und steigen zum lärchengesäumten Lagh da Val Viola hinauf. Der Spiegel dieses fast kreisrunden Gewässers liegt bei 2159 m ü. M.

Der Lagh da Scispadus ist ein kleiner Bergsee am Weg zum Saoseosee im oberen Puschlav.

Ein Bergsturz schuf die Seen

Beim Picknick am Violasee nehmen wir in aller Beschaulichkeit die umgebende Hochalpenkulisse in uns auf, ohne selber die Mühen und Gefahren einer Kletterei erdulden zu müssen. Weil wir uns im äussersten Südosten der Schweiz befinden, markieren die Kreten sowohl im Norden wie auch im Osten und Süden die Landesgrenze zu Italien. Beeindruckend sind im Osten die Steilabstürze der Kette zwischen Corno di Dosdè und Scima da Saoseo. Obwohl «nur» Dreitausender, wirken die Berge ihrer Schroffheit wegen viel höher. Diesen Eindruck verstärkt der Hanggletscher an der Scima da Saoseo. Er sitzt in jener Nische, von wo in vorgeschichtlicher Zeit ein gewaltiger Bergsturz niederging. Die Sturzblöcke haben im oberen Teil des Val da Camp ein Trümmerfeld geschaffen, das als Barriere wirkt und die Bergseen

Wir wandern vom Violasee zum Saoseosee.

aufstaut. Ein ähnlicher Bergsturz ereignete sich weiter unten im Puschlav und führte zur Entstehung des Lago di Poschiavo.

Vom Violasee führt ein schmaler, doch gut erkennbarer Weg mit zuletzt recht steilem Abstieg in einer halben Stunde zum Saoseosee hinunter. Dieser von lockerem Nadelbaumbestand umgebene Lagh da Saoseo ist eine wahre Perle, so dass, wer bereits oben ausgiebig gerastet hat, sich hier noch einmal hinsetzen muss, um seine Seele am Anblick dieses bezaubernden Sees zu laben.

Paradiesischer Saoseosee

Der Saoseosee. Diese Ruhe, dieser Frieden, diese Harmonie: ein Paradies! Der Abschied fällt schwer – doch wir werden wiederkommen... Auf der südlichen Flanke des Val da Camp geht es, die Nachmittagssonne im Gesicht, durch Wald und über Weiden gemächlich abwärts der Berninapassstrasse entgegen. Wir erreichen sie bei Pozzulasc auf 1552 m ü. M. Hier gibt es ein Restaurant und eine Postautohaltestelle.

Informationen

Route	Postautohaltestelle Sfazù an der Berninapassstrasse – La Tunta – Salina – Lungacqua – Alp Camp – Lagh da Val Viola – Lagh da Saoseo – Poz da Rügiul – Terzana – Suracqua – Bosch da la Crota – Postautohaltestelle Pozzulasc an der Berninapassstrasse.
Anreise	Mit der Rhätischen Bahn bis Ospizio Bernina oder Poschiavo. Von dort mit dem Postauto nach Sfazù.
Rückreise	Von der Postautohaltestelle Pozzulasc hinunter nach Poschiavo oder hinauf nach Ospizio Bernina, dann weiter mit der Berninabahn.
Wanderzeit	6–7 Stunden mit 600 Meter Steigung und 700 Meter Gefälle.
Variante	Zwischen Sfazù und Alp Camp verkehrt ein Mini-Postauto. Es erspart gute 2 Stunden und 450 Meter Anstieg.
Karten	Landeskarte der Schweiz 1:25 000, Blatt 1278 «La Rösa».
Gaststätten	Sfazù, Lungacqua (SAC-Hütte Saoseo), Alp Camp, Pozzolascio.
Jahreszeit	Mitte Juni bis Mitte Oktober.
Internetlinks	www.myswitzerland.com, www.valposchiavo.ch

5 HINTER-RHEIN

• REICHENAU-TAMINS – ISLA – PLONG LEULA – BREGL – ISLA BELLA – RAVETG – CURNATSCH – ROTHENBRUNNEN

Am Hinterrhein/ Rein Posteriur

Auenwälder und Gesteinswildnis

Pionierpflanzen auf Kies

Gleich zwei Landschaften von nationaler Bedeutung durchquert unsere Wanderung vom Bahnhof Reichenau-Tamins dem Ostufer des Hinterrheins entlang flussaufwärts nach Rothenbrunnen. Zuerst erleben wir eine alpine Auenlandschaft, wie sie in der Schweiz selten geworden ist, dann das Domleschger Trockengebiet am Berghang über dem rasch strömenden Gewässer. Vor allem der zweite Teil der Wanderung wartet neben den Natursehenswürdigkeiten auch mit Kulturdenkmälern auf.

Bevor sich der Hinterrhein bei Reichenau mit dem von Westen heranrauschenden Vorderrhein vereinigt, bildet er die letzten grossen Flussmäander der Schweizer Alpen. In solchen Schlingen entstehen – und verschwinden – immer wieder Inseln aus herangeschwemmtem Kies, wo eine Pionierflora Wurzeln zu schlagen versucht. Ein ähnlicher Vorgang läuft auf den zeitweise überschwemmten und dann wieder trockenen Kiesbänken längs der Ufer ab. Je nach Lebensdauer dieser Ansammlungen von Lockergestein sind hier verschiedene Entwicklungsstadien der Pflanzenwelt zu beobachten – bis hin zum etablierten Auenwald, dessen Wurzelwerk den Untergrund nun vor dem Weggeschwemmtwerden bewahrt. Die Vielfalt der Vegetation bietet auch mancherlei Tieren einen Lebensraum, wie er im intensiv bewirtschafteten Talboden kaum mehr zu finden ist.

Landschaft im Wandel

Gleich hinter dem Bahnhof Reichenau-Tamins befindet sich ein grosses Kieswerk. Hier wird abgebaut, was durch den Rhein – bzw. die beiden Rheinarme – in den vergangenen Jahrtausenden an Schottermaterial herangetragen wurde. Nach wenigen Minuten liegt diese Industrieanlage hinter uns, und der Uferweg Richtung Rothenbrunnen führt durch eine Naturlandschaft, deren Harmonie einzig durch die San-Bernardino-Autobahn am Gegenufer gestört ist. Zum Glück verschwindet dieser Verkehrsweg zuerst in einem kürzeren, dann in einem längeren Tunnel, so dass bald nur noch das Rauschen des Hinterrheins zu hören ist.

Interessant ist der Vergleich zwischen Landeskarte und Landschaft: Weil der Fluss seine Windungen immer von neuem verlegt, Inseln schafft und selber wieder wegträgt, liefert die Karte hier kein aktuelles Bild. Auch das Wegnetz in Ufernähe muss sich den veränderten Bedingungen anpassen. Für einmal dürfen wir auf Expedition gehen und im Auenwald selber einen Pfad suchen – mal vor, mal zurück, das gehört zum Reiz der Entdeckung.

Wie abwechslungsreich auf kleinstem Raum die Pflanzenwelt ist! Gleich neben dünn bewachsenen Schotterfluren, über denen die Hitze flimmert, finden sich im kühlfeuchten Uferdschungel geheimnisvolle Altwässer und Grundwasseraufstösse mit ihrer Sumpfvegetation. Auch die geologische Vielfalt verdient Beachtung: Der Hinterrhein und seine Nebenbäche haben eine fast vollständige Kollektion der im weiten Einzugsgebiet vorkommenden Gesteine herangeschwemmt.

Ungezähmtes Wasser schafft sich sein eigenes Bett wie hier der Hinterrhein oberhalb von Reichenau-Tamins.

Auf dem Polenweg

Wo die Autobahn nach der Brücke über den Rhein ein zweites Mal im Berg verschwindet, bei Bregl, führt ein Pfad im Zickzack hinauf zum Strässchen nach Rothenbrunnen an der östlichen Talflanke des Domleschg. Die mit Fahrverbot belegte Verbindung heisst Polenweg,

Im unteren Domleschg: Ein Altwasserarm des Flusses wird zur natürlichen Deponie für Schwemmholz.

denn während des Zweiten Weltkriegs haben ihn internierte polnische Soldaten erstellt. Nun verliert die Landschaft an Weite und wandelt sich zur Schlucht. Während wir unter Felsabbrüchen auf dem Polenweg südwärts wandern, werden am Gegenufer die Kirche Sogn Gieri und dann das Schloss Rhäzüns sichtbar. Wenig später überspannt das Drahtseil der Seilbahn von Rhäzüns hinauf nach Feldis unsere Route.

Die Flurnamen hier sind alle noch rätoromanisch: Plong Leula, Buigls, Isla Bella, Las Vals, Val da Pedra, Ravetg…, und der Hinterrhein heisst Rein Posteriur. Unaufhaltsam ist im Domleschg jedoch das Deutsche im Vormarsch, und bei den meisten zweisprachigen Dorfnamen wird die deutsche Version jeweils häufiger verwendet: Rhäzüns/Razen, Feldis/Veulden, Scheid/Sched, Rothenbrunnen/Giuvaulta, Tomils/Tomegl…

Hinterrhein

Wärmeliebende Trockenflora

Die Auenwälder liegen hinter uns, nun wandern wir bis zum Tagesziel Rothenbrunnen durch das Trockengebiet am Hang über dem Hinterrhein. Der von Bergen eingefasste Talkessel erhält verhältnismässig wenig Niederschlag, so dass sich an dieser Stelle eine wärmeliebende Trockenflora angesiedelt hat, die mit jener der Walliser Felsensteppen vergleichbar ist. Bei den Bäumen herrschen Föhren, deren Nadeln an heissen Tagen einen balsamischen Duft verbreiten, und Eichen vor; daneben gibt es Felspioniere, Steppenrasen und Trockenwiesen. Es ist die Heimat einer reichen Insektenfauna. Dann und wann nur übertönt der Pfiff des Regionalzuges am Gegenufer – oder das dumpfe Tuten einer Schnellzuglok wie im Wilden Westen – das unaufhörliche Gezirp und Gesumm.

Zwei Burgruinen säumen Rothenbrunnen: Nieder Juvalta im Norden über dem Polenweg, Ober Juvalta im Osten auf einem Felssporn. Im Dorf selber hält das Postauto nach Thusis. Es ist eine interessante Fahrt durch die wenig bekannten Dörfer an der Domleschger Ostflanke. Die Bahnstation Rothenbrunnen liegt am Westufer des hier kanalisierten Hinterrheins gleich neben der Kantonsstrasse.

Informationen

Route	Bahnhof Reichenau-Tamins – Isla – Plong Leula – Bregl – Isla Bella – Ravetg – Curnatsch – Rothenbrunnen.
Anreise	Reichenau-Tamins liegt an den Linien Chur – Thusis – St. Moritz und Chur – Disentis der Rhätischen Bahn.
Rückreise	Ab Bahnhof Rothenbrunnen mit dem Regionalzug der Rhätischen Bahn nach Chur. Oder ab Rothenbrunnen mit dem Postauto nach Thusis, von dort Schnell- und Regionalzüge nach Chur.
Wanderzeit	2–3 Stunden je nach Routenwahl, kürzere Auf- und Abstiege.
Variante	Nur bis Isla Bella gegenüber Rhäzüns, dann zurück nach Bregl und weiter nordostwärts nach Domat/Ems (Züge Richtung Chur). Wanderzeit bleibt sich etwa gleich.
Karten	Landeskarte der Schweiz 1:25 000, Blätter 1195 «Reichenau» und 1215 «Thusis» (1215 bei Variante Domat/Ems nicht nötig).
Gaststätten	Bahnhofbuffet Reichenau-Tamins, Rothenbrunnen, Domat/Ems.
Jahreszeit	Frühling bis Spätherbst.
Besonderes	Kombinierbar mit einer Rheinuferwanderung durch die Schlucht des Vorderrheins.
Internetlinks	www.tamins.ch, www.rothenbrunnen.ch

6 SILVRETTA-VEREINA

KLOSTERS – MONBIEL – LANDQUART – ALP GARFIUN – NOVAIERWALD – VEREINATAL – VEREINABACH – LANDQUART – KLOSTERS

Im Urgestein der Silvretta

Vereinabach und Landquart

Zwei Täler zur Auswahl

Klosters im Bündner Prättigau ist ein lebhafter Ferienort, und so dauert es denn ein Weilchen, bis sich die gesuchte Natureinsamkeit einstellt. Unser Weg führt ins Landschaftsschutzgebiet Silvretta-Vereina des BLN-Bundesinventars der Landschaften und Naturdenkmäler von nationaler Bedeutung. Begründet wird die Unterschutzstellung ausdrücklich mit dem Hinweis «Wander- und Tourengebiet». Wer will, kann die ersten drei Kilometer bis zum Weiler Monbiel statt zu Fuss dem Flüsschen Landquart entlang mit dem Klosterser Ortsbus auf der Strasse zurücklegen. Anschliessend beginnt zwar noch nicht gleich die Wildnis, aber doch das Natursträsschen, das weiter gegen Osten führt. Bei Punkt 1416 im Novaier Wald teilt sich das Strässchen: Links geht es durchs Verstanclatal zum vergletscherten Silvretta-Massiv, rechts ins etwas weniger hochalpine Vereinatal.

Wir wählen die Vereina-Richtung südwärts bis zu jenem Punkt unterhalb der Stutzegg, wo ein Fusspfad zum Vereinabach hinunter abzweigt. Auf der Karte trägt diese Stelle weder Namen noch Höhenangabe; der Wanderwegweiser nennt sie Chänzeli und gibt als Kote 1570 m ü. M. an. Von Klosters her sind wir also stetig, aber fast unmerklich rund 400 Meter gestiegen. Hoffentlich lädt eine Bank zur Rast: Hier befindet sich der Wendepunkt, fortan geht es talabwärts und wieder zurück zum Ausgangspunkt.

Im Fundament der Schweiz

Das Silvretta-Gebiet gehört geologisch zu den allerältesten Teilen der Schweiz, zum Fundament des Landes gewissermassen. Helle Granite aus erdgeschichtlicher Frühzeit bilden hier den Untergrund. Trotz – oder vielleicht gerade wegen – ihres Alters zeigen sie noch keine Schwächezeichen. Derart stabiles Urgestein schätzen denn auch die Tunnelbauer, die von Klosters her den Vereinatunnel ins Unterengadin graben.

Frisch und ohne Altersschwäche präsentiert sich auch die Landschaft: Ein ordentlich steiles Relief sorgt für Bewegung an den Berghängen und bringt die Bäche zum Brausen; der harmonische Wechsel zwischen Wald und Weide macht das Wandern zum Vergnügen und gibt den Beinen Schwung. Ausser Bachesrauschen und Kuhglockengebimmel ist kaum ein Ton zu hören, so dass man am liebsten den ganzen Alpsommer lang hier verweilen möchte.

Imposanter Tiefblick auf das Vereinatal vom Aussichtspunkt Chänzeli bei 1570 m ü. M.

Zum Zeitvertreib gehört die Wetterbeobachtung. Bei anhaltenden Hochdrucklagen mit viel Sonnenschein lässt sich ein regelmässiger Wechsel zwischen Bergwind und Talwind feststellen. Am Vormittag weht es von den Gebirgskämmen talwärts; in der zweiten Tageshälfte saugt die erwärmt aufsteigende Atmosphäre über den Massiven Luft aus tieferen Lagen an. Dann entstehen über den Gipfeln auch weisse Kumuluswolken, die einen schönen Kontrast zum blauen Himmel und zur grünen Bergkulisse bilden.

Naturnaher Hochwasserdamm

Nach dem einzigen Steilabstieg des Tages vom Chänzeli her, als Bergweg markiert, wandern wir dem Vereinabach entlang bis zum Zusammenfluss mit dem Verstanclabach; fortan heisst das Gewässer Landquart. Die Landquart durchfliesst das ganze Prättigau und mündet bei der Ortschaft Landquart in den Rhein. Wir folgen dem jungen Fluss auf dessen Südufer bis nach Klosters und freuen uns, dass er hier noch frei strömen darf. Selbst an den wenigen Stellen, wo ein Hochwasserdamm die angrenzenden Alpen vor Überschwemmungen schützt, passt sich dessen naturverträgliche Bauweise pefekt der Umgebung an: lose aufgeschüttete und wie selbstverständlich hierher passende Blöcke aus dem Bachbett statt seelenlose Betonwälle.

Beim Wandern talauswärts kommen wir dann und wann an einem Hangried vorbei, wo weissflauschige Wollgräser das Sonnenlicht reflektieren und damit den blitzenden Glimmerplättchen des Silvretta-Urgesteins Konkurrenz machen. Manche Flurnamen wie Novai, Pardenn oder Masura, aber auch die Talbezeichnungen Verstancla und Vereina erinnern an Rätoromanen, die im Mittelalter hier siedelten, bevor sich die Sprache der Einwandernden deutscher Zunge durchsetzte.

Je näher wir Klosters kommen, desto belebter erscheint das Tal. An Sommerwochenenden nehmen Erholungsuchende den unteren Abschnitt geradezu in Beschlag. Wer die Einsamkeit sucht, findet sie weiter oben: Schon eine Fussstunde entfernt ist man allein mit der Natur!

Silvretta-Vereina

Informationen

Route	Bahnhof Klosters – Monbiel – Nordufer der Landquart – Alp Garfiun – Novaier Wald – Vereinatal bis Chänzeli/ Stutzegg – Vereinabach – Südufer der Landquart bis Klosters.
Anreise	Ab Landquart (SBB-Linie Zürich – Chur) mit der Rhätischen Bahn bis Klosters. Achtung, nicht schon in Klosters Dorf aussteigen!
Rückreise	Siehe Anreise.
Wanderzeit	5–6 Stunden mit je 400 Meter Steigung und Gefälle.
Variante	Ab Stutzegg weiter bis Berghaus Vereina auf 1943 m ü. M., von Klosters her etwa 4 Stunden mit 800 Meter Steigung. Zurück mit privatem Kleinbus des Berghauses.
Karten	Landeskarte der Schweiz 1:25 000, Blatt 1197 «Davos». Gaststätten.
Gaststätten	Klosters, Monbiel, Alp Garfiun, bei Variante auch Berghaus Vereina.
Jahreszeit	Frühsommer bis Spätherbst.
Besonderes	Eine empfehlenswerte Anschlusstour ab Klosters ist der Prättigauer Höhenweg.
Internetlink	www.praettigau.info

7 KANTONS-GRENZE TG/SG

- BISCHOFSZELL – WEIHERWEG – TOBELMÜLI – GERTAU – DEGENAU – BLIDEGG – ROTZENWIL – HUDELMOOS – HAGENWIL

Stille Stunden in der Ostschweiz

Von Bischofszell zum Hudelmoos

Nasser Tod in der Thur

Das Thurgauer Städtchen Bischofszell, durch seine Konservenfabrik bekanntgeworden, liegt etwas abseits der grossen Ostschweizer Verkehrsachsen und hat wohl gerade deshalb seinen historischen Reiz bewahrt. Offensichtlich geben sich die Bewohnerinnen und Bewohner grosse Mühe, ihre Siedlung intakt zu halten. Als Lohn der Anstrengung erhielt Bischofszell 1987 für das besonders gut erhaltene Siedlungsbild den Wakker-Preis des Schweizer Heimatschutzes zugesprochen. Noch immer zeigen die Gassen das Bild einer Ostschweizer Landstadt, wie sie vor ungefähr 250 Jahren aussah.
Bald haben wir den Ortskern durchquert und die Thur erreicht. Die alte, in einem leichten Knick verlaufende Thurbrücke stellt ein Kulturdenkmal erster Güte dar und ist, was wir als Wandernde besonders zu schätzen wissen, den Fussgängern vorbehalten. Erbaut wurde dieser wichtige Flussübergang 1479–1487 mit Unterstützung des Bischofs von Konstanz, der damals in Bischofszell noch immer seine Hoheitsrechte wahrnahm. Eine Sage erzählt zwar, eine reiche Adlige habe die Brücke gestiftet, nachdem ihre beiden Söhne auf der Rückkehr von der Jagd in der hochgehenden Thur ertrunken waren. Tatsache ist jedenfalls, dass an dieser Brücke kein Brückenzoll zu entrichten war – in früheren Zeiten eine grosse Ausnahme.

Brücke unter Denkmalschutz

Fast wäre das so wuchtige und gleichzeitig elegant wirkende Bauwerk dem einstigen Fortschrittsglauben zum Opfer gefallen. Um 1830, als mit beginnender Industrialisierung auch der Fuhrwerkverkehr zunahm, wollten die Behörden von Bischofszell die alte Brücke abreissen und durch einen Neubau ersetzen. Zum Glück scheuten sie die Kosten. Später baute man etwas weiter flussaufwärts einen modernen Übergang und stellte die mittelalterliche Steinbrücke – eine

Kantonsgrenze TG/SG

Hochstamm-Obstgarten bei Wilen: Im Herbst macht der Thurgau seinem Übernamen «Mostindien» alle Ehre.

der ältesten in der Schweiz – unter Denkmalschutz. Immerhin blickt sie inzwischen auf mehr als ein halbes Jahrtausend zurück.
Unser Besuch an der Thur war bloss ein Abstecher. Jetzt geht es wieder hinauf gegen den Bahnhof, allerdings nicht mehr durch die Altstadt, sondern durch den mit einem Fussweg versehenen einstigen Stadtgraben. Auf diese Weise besichtigen wir Bischofszell auch noch von aussen. Hier erscheinen die Fassaden weniger stattlich, sondern strahlen ländliche Gemütlichkeit aus, ein Eindruck, den die vorgelagerten Gartengrundstücke noch verstärken.

Weiher wie Perlen an der Schnur

Beim Bahnhof führt uns ein Wanderwegweiser auf den Weiherweg Richtung Osten. Zuerst kommen wir über Langentannen zum Rütiweiher. Beim Gehöft Horbach werfen wir zuvor noch einen Blick auf

den Horbacher Weiher, und bevor wir zum Zwischenziel Wilen gelangen, streifen wir den Horber Weiher. Kein Wunder, trägt dieser Abschnitt der Wanderung die Bezeichnung «Weiherweg».
Wie kommt es, dass sich hier in einem Tälchen die stillen Gewässer wie Perlen an einer Schnur aufreihen? Vorarbeit leisteten die Gletscher der Eiszeit, deren Schmelzwasser eine Rinne aushobelten. Im Mittelalter benutzten dann die Mönche des Chorherrenstifts Bischofszell die von der Natur vorbereitete Hohlform, um Fischteiche anzulegen. Strenge Fastengesetze verboten nämlich den frommen Männern zeitweise den Fleischgenuss. Erlaubt waren hingegen Fische. Deshalb züchteten die Mönche mit Hingabe fette Karpfen. Das Chorherrenstift wurde 1848 aufgehoben. Seither sind die Fischteiche, sich selbst überlassen, zu wertvollen Biotopen geworden. Vor allem Vögel finden hier eine Heimat.

Fähre über die Sitter: Bei Niedrigwasser läuft der Kahn dann und wann auf Grund.

Kantonsgrenze TG/SG

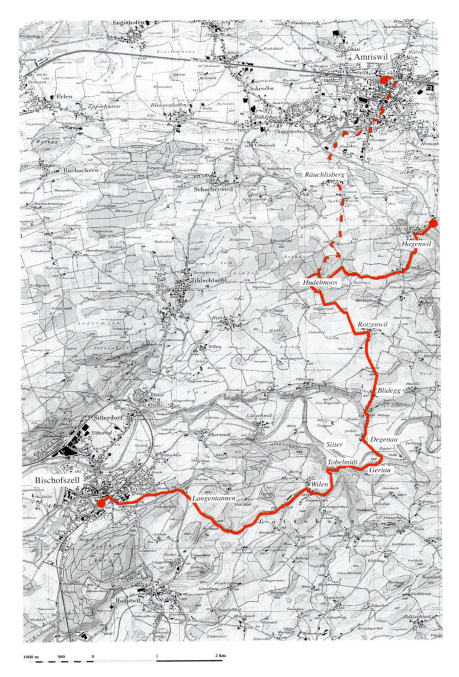

Sitterfähre bei Gertau

Landschaftsidylle des Hudelmoos.

Eine knappe Viertelstunde hinter Wilen senkt sich der Weg steil ins Sittertal. Unten, wo der Lauffenbach der Sitter zuströmt, liegt die Tobelmühle. Längst dreht sich hier kein Mühlenrad mehr, doch die Szene der weltabgeschiedenen Häusergruppe wirkt original: leicht nostalgisch.

In östlicher Richtung folgt der Weg nun der Sitter flussaufwärts. Gertau heisst das nächste Gehöft (mit Restauration), wo eine Fähre über den Fluss führt. Drüben grüsst die Kapelle von Degenau, ein beliebtes Hochzeitskirchlein. Ein kurzer Aufstieg am Wohnschloss Blidegg vorbei, dann ist das Hochplateau von Zihlschlacht erreicht. Hier befinden wir uns im Zentrum der thurgauischen Hochäcker, auch Wölbäcker genannt, einer erhaltenswerten naturnahen Kulturlandschaft. Die langgestreckte Ackerform mit einem Buckel in der Mitte entstand durch eine spezielle Form der Pflugführung und erlaubt das bessere Abfliessen des Regenwassers, so dass der Untergrund nicht vernässt. Heute sind die einstigen Hochäcker mit Gras und – zum Teil noch schönen, hochstämmigen – Obstbäumen bestanden. Auf unserer Wanderung sind sie am typischsten zwischen den Weilern Blidegg und Rotzenwil zu beobachten.

Kantonsgrenze durchs Hudelmoos

Wenig nordwestlich von Rotzenwil gelangen wir zum Hudelmoos, einem der grössten noch erhaltenen Moore der Ostschweiz. Die Kantonsgrenze zwischen Thurgau und St. Gallen zieht mitten hindurch, und diese Grenzlage – denn Grenzregionen gehen gerne etwas «vergessen» – dürfte auch zur Erhaltung des heute unter Naturschutz

Kantonsgrenze TG/SG

stehenden Biotops beigetragen haben. Auch in anderer Hinsicht profitiert hier die Natur: Weil die Region abseits von Bevölkerungszentren und stark befahrenen Verkehrswegen liegt, konnte sich hier ein Refugium der Ruhe halten. Wer in der Ostschweiz stille Stunden geniessen will, ist mit diesem Wandervorschlag gut bedient.

Ganz ohne menschliche Eingriffe ist das Reservat Hudelmoos freilich nicht geblieben: Bis nach dem Zweiten Weltkrieg wurde im Moor parzellenweise Torf gestochen. Diese Torfstiche füllten sich mit Wasser und verlanden nun langsam, so dass sich auf diese Weise Lebensräume für sonst heimatlose Pflanzen und Tiere bilden. Wo die Verlandung stark fortgeschritten ist, sorgen Naturfreunde in Fronarbeit mit der Sense für eine Offenhaltung der Gewässerzonen. Zwischen den Tümpeln führt ein eigens angelegtes Pfadnetz aus Knüppelwegen durch das Hudelmoos. So können Besucherinnen und Besucher einen Eindruck von diesem in der Ostschweiz bis zu den grossen Meliorationen noch viel häufigeren Landschaftstyp gewinnen.

Eine knappe halbe Wanderstunde trennt das Hudelmoos von Hagenwil, dem Tagesziel. Hier lohnt sich ein Besuch des stimmungsvollen Wasserschlosses am Westrand des Dorfes. Die Anlage stammt aus dem 13. Jahrhundert, wurde im Dreissigjährigen Krieg 1633 von den Schweden geplündert und diente dann bis 1803 als Verwaltungs- und Erholungssitz der Fürstäbte von St. Gallen. Nach einer Stärkung im Schlossgasthaus wird es Zeit für die kurze Fahrt mit dem Autobus nach dem Bahnhof Amriswil oder Muolen.

Kantonsgrenze TG/SG

Informationen

Route	Bischofszell – Weiherweg nach Wilen – Tobelmüli – Gertau – Degenau – Blidegg – Rotzenwil – Hudelmoos – Hagenwil.
Anreise	Bischofszell liegt an der Bahnlinie St. Gallen – Gossau – Sulgen – Weinfelden.
Rückreise	Ab Hagenwil mit dem Autobus nach Amriswil an der SBB-Linie Romanshorn – Zürich oder nach Muolen an der SOB-Linie Romanshorn – St. Gallen.
Wanderzeit	4 Stunden inkl. Stadtbummel in Bischofszell.
Variante	Vom Hudelmoos via Räuchlisberg nordwärts direkt nach Amriswil, zusätzliche Wanderzeit eine Stunde.
Karten	Landeskarte der Schweiz 1:25 000, Blatt 1074 «Bischofszell»; für Variante auch noch Blatt 1054 «Weinfelden».
Gaststätten	Bischofszell, Wilen, Gertau, Blidegg, Rotzenwil, Hagenwil.
Jahreszeit	April–Oktober.
Besonderes	Sehr schön im Frühling während der Blüte der vielen Obstbäume – oder im Herbst während der Ernte. Im Sommer streckenweise heiss, weil ziemlich schattenlos.
Internetlinks	www.bischofszell.ch, www.pronatura-tg.ch

8 RESERVAT KALTBRUNNER RIET

- SCHMERIKON – AABACH – LINTHKANAL – GRINAU – KALTBRUNNER RIET – UZNACH

Wo die Linth-Ebene noch feucht ist

Durch das Reservat Kaltbrunner Riet

Handelshafen Schmerikon

Das Kaltbrunner Riet zählt zwar zu den interessantesten Reservaten des Kantons St. Gallen, ja der ganzen Ostschweiz. Da es aber mitten in einer recht stark genutzten Landschaft liegt, verläuft der Weg zu diesem Flachmoor nicht durch reine Idyllen. Dies gilt es auf dem Anmarsch von Schmerikon am oberen Zürichsee her zu bedenken.

Schmerikon – der Bahnhof liegt unmittelbar am Seeufer – war einst ein Handelsplatz mit bedeutendem Hafen. Weil der Wasserweg früher wesentlich bequemer war als der Transport über Land, begann hier die Frachtroute seeabwärts bis nach Zürich. Ins Gewicht fielen vor allem die Frachten von Sandsteinblöcken, und noch heute verkehren Ledischiffe mit Kies.

Durch das Areal eines Betonwerks führt der Wanderweg zum Aabach. An seinem Südufer lohnt sich ein halbstündiger Abstecher an den See. Wir folgen hier der Grenze zu einem Naturschutzgebiet, welches das schilfbestandene Sumpfland im Deltabereich umfasst. Nach diesem Augenschein geht es zurück und gleich weiter bis zur gedeckten Holzbrücke über den Aabach. Hier wenden wir uns nun südwärts dem Linthkanal entgegen, wobei prächtige Alleebäume über die Asphaltierung dieses Wegstückes hinwegtrösten.

Gleich drei parallel laufende Wasserstränge erwarten uns an der Kantonsgrenze von St. Gallen zu Schwyz. Zuerst wird der zur schiffbaren Transportader ausgebaute Steinenbach auf einer hohen Brücke überquert. Dann führt die Route dem breiten Linthkanal entlang flussaufwärts. Jenseits des Linthkanals verläuft die Alt Linth, welche bis ins frühe 19. Jahrhundert das Glarnerland direkt zum Zürichsee hin entwässerte.

Reservat Kaltbrunner Riet

*Allee im Delta der Linth unweit von Schmerikon:
Bei Sommerhitze spenden die Bäume willkommenen Schatten.*

Immer wieder Hochwasser

Damals war die Linth-Ebene ein Sumpfgebiet, und auch die angrenzenden Regionen litten unter Überschwemmungen, weil die Linth als wilder Gebirgsfluss mit ihrer Gesteinsfracht immer wieder über die Ufer trat. Abhilfe schuf schliesslich das Projekt des Zürcher Ingenieurs und Naturforschers Hans Conrad Escher (1767–1823). Er leitete die Linth durch einen künstlichen Kanal in den Walensee, damit sie dort ihr Geröll ablagern konnte, und führte dann das Wasser durch einen weiteren Kunstbau, den Linthkanal, vom Walensee durch die Linth-Ebene in den Zürichsee. Der Walensee wirkte nun bei Linth-Hochwassern als Ausgleichsbecken, so dass die Überschwemmungsgefahr eingedämmt und die einst sumpfige Ebene fortan der landwirtschaftlichen Nutzung zugänglich wurde.

Die Linth-Korrektion der Jahre 1807–1822 (Escher erhielt als Anerkennung dafür den Beinamen von der Linth) machte Geschichte und war auch Vorbild für ein weiteres grosses Sanierungswerk: die Erste Juragewässerkorrektion 1868–1891 mit Ableitung der Aare in den Bielersee, wobei das Grosse Moos entsumpft und fruchtbares Gemüseanbaugebiet wurde.

Wie die Ebene der Linth vor der Korrektion aussah, schildert ein Augenzeuge aus der Zeit um 1800: «Eine öde Fläche, weder See noch Land, voll Modergeruch und Froschgeschrei. Die Anwohner sehen blass und kränklich aus. Wie ein Krebsgeschwür greift die scheussliche Versumpfung um sich. Alljährlich, wenn der Frühling wiederkehrt, sind die Dörfer voll von schlotternden Fieberkranken, die früh altern und sterben.»

Viele Sumpfpflanzen sind verschwunden

Begreiflich, dass Eschers Sanierungswerk dringlich war. In seinem Schlussbericht schreibt der Ingenieur: «Nun zeigt sich der Segen der Unternehmung. Das stehende Sumpfwasser schwindet allmählich aus der grossen Talebene, die Sumpfpflanzen verlieren sich, und überall, wo einige Pflege der frohen Einwohner auf den Boden verwendet wird, keimt neue üppige Vegetation.»

Der Kulturlandgewinn war doppelt willkommen, da sich zu dieser Zeit die Bevölkerung stark vermehrte. Dem Froschgeschrei und den Sumpfpflanzen trauerte niemand nach – aus der Sicht jener Zeit verständlich, doch im Blick auf die zerstörte Naturlandschaft dennoch ein Jammer. Mit solchem Fleiss wurde die Trockenlegung der Linth-Ebene (die letzte Etappe war 1966 abgeschlossen) vorangetrieben, dass heute nur noch ein kleiner Bereich als Feuchtgebiet erhalten ist: das unter Naturschutz stehende Kaltbrunner Riet.

Nachdem wir die monströse Autobahnbrücke unterquert haben, verlassen wir bei Grinau den Linthkanal. Grinau, auch Grynau geschrieben, liegt am Südufer im Kanton Schwyz und wird von einem Burgturm an der Alt Linth überragt. Die Feste aus dem

Primel im Kaltbrunner Riet: Das Reservat bietet auch den vom Siedlungsdruck verdrängten Blumen Schutz.

13. Jahrhundert bewachte eine wichtige Zollstätte für den Schiffs- und Brückenverkehr. Dem Turm gegenüber steht ein Landsitz, das im Jahr 1652 erbaute «Neue Schloss», sowie eine Gaststätte.

Zwei Beobachtungstürme

Fortan weisen Störche den Weg zum Kaltbrunner Riet. Sie horsten auf Elektrizitätsmasten und stelzen auf den Wiesen herum. Ein Pumpwerk in unmittelbarer Nähe des Reservates löst gemischte Gefühle aus: Weil durch seine Tätigkeit der Grundwasserspiegel abgesenkt wird, verliert das Kaltbrunner Riet an Feuchtigkeit. Für viele Vogelarten sind aber offene Wasserflächen in diesem Flachmoor unerlässlich.

Vogelschutz stand im Vordergrund, als 1938 der sich heute «Pro Natura» nennende Schweizerische Bund für Naturschutz (SBN) 25 Hektar Feuchtgebiet kaufte, um die damals einzige Lachmöwenkolonie der Schweiz zu retten. Die Bedeutung des Reservates ist jedoch viel umfassender und schliesst nicht zuletzt pädagogische Ziele mit ein: An diesem ausgewählten Objekt soll die Vielfalt von Tier- und Pflanzenwelt auf überschaubarem Raum gezeigt werden. Zu diesem Zweck stehen zwei Beobachtungstürme sowie ein kleines Informationszentrum zur Verfügung.

Eine Naturschutz-Broschüre beschreibt Fauna und Flora im Überblick: «Kammolch, Laubfrosch, Dutzende von Libellen- und Schmetterlingsarten (darunter der seltene Moorbläuling), Brachvogel, Drosselrohrsänger und Hermelin finden im Kaltbrunner Riet ein Refugium. 400 Pflanzenarten sind hier heimisch, ein Vielfaches dessen, was in den umliegenden landwirtschaftlichen Intensivflächen überdauern konnte. Als Besonderheiten wachsen zum Beispiel der giftige Wasserschierling, das Kleine Guldenkraut, die Sibirische Schwertlilie sowie zahlreiche Orchideenarten.»

Dünger und Siedlungsdruck

Von allen Seiten wird die feuchte Restfläche des Kaltbrunner Riets bedroht. Saurer Regen trägt Schadstoffe ins Reservat; die Landwirtschaft wartet mit unwillkommenen Düngergaben auf; der künstlich gesteuerte Grundwasserhaushalt ist nicht unbedingt auf die Bedürfnisse des Naturschutzes ausgerichtet. Um das Riet zu retten, braucht es daher ein Gesamtkonzept, das auch angrenzende Gebiete

Vom Aussichtsturm im Feuchtgebiet lassen sich die Vögel beobachten, ohne dass sie gestört werden.

miteinbezieht. Diese regionale Schutzplanung umgibt das eigentliche Feuchtbiotop mit Pufferzonen, die naturnah bewirtschaftet werden, etwa durch Verzicht auf Düngung. Ferner sind Feldgehölze, Wasserläufe, Dämme und Böschungen zu erhalten. Ein Netz solcher ökologisch wertvoller Bereiche soll nicht nur die Nachbarschaft des Reservates, sondern nach Möglichkeit die ganze Linth-Ebene überziehen.

Vom Entenseeli am Nordende des Kaltbrunner Riets ist es nur noch eine Viertelstunde bis zum schmucken Städtchen Uznach. Dieses letzte Teilstück der Wanderung zeigt einen weiteren nachteiligen Zivilisationseinfluss: den Siedlungsdruck, der die Neubauten am Ortsrand immer weiter gegen das Reservat vorrücken lässt.

Informationen

Route	Schmerikon – Aabach – Linthkanal – Grinau – Kaltbrunner Riet – Uznach.
Anreise	In Schmerikon halten die Regionalzüge der Linien Rapperswil – Uznach – Wattwil – St. Gallen und Rapperswil – Uznach – Ziegelbrücke.
Rückreise	Ab Bahnhof Uznach.
Wanderzeit	3 Stunden mit reichlich Zeit zum Beobachten im Naturschutzgebiet Kaltbrunner Riet. Keine Höhenunterschiede.
Variante	Vom Kaltbrunner Riet nicht nordwärts nach Uznach, sondern gegen Osten nach Kaltbrunn an der Bahnlinie Rapperswil – Uznach – Wattwil – St. Gallen. Zusätzlich eine halbe Wanderstunde.
Karten	Landeskarte der Schweiz 1:25 000, Blatt 1113 «Ricken».
Gaststätte	Schmerikon, Grinau, Uznach.
Jahreszeit	Ganzjährig.
Besonderes	Am reichsten ist das Vogelleben im Herbst (Rast von Zugvögeln) und Frühling (Zugvögel, brütende Wasser- und Watvögel). Route im Sommer weitgehend schattenlos.
Internetlink	www.pronatura-sg.ch

9 THURWEG

BAZENHEID – MÜLAU – HASLEN – LÜTISBURG – LETZI – GANTERSCHWIL – LOCH – ÖTSCHWIL – LAUFEN – NEUDIETFURT – LICHTENSTEIG

Prallhang, Gleithang, Prallhang

Thur-Tour im unteren Toggenburg

Thur schafft Felsabstürze

Von Wil nach Wildhaus verläuft der Thurweg, eine 60 Kilometer lange Wanderroute durch das Toggenburg. Der ganze Parcours dauert 17 Stunden. Hier beschränken wir uns auf das fünfstündige Teilstück zwischen Bazenheid und Lichtensteig im unteren Teil des Tales, wo ein langgestrecktes, weil längs der Flussufer verlaufendes BLN-Landschaftsschutzgebiet durchwandert wird. Der Weg ist gut signalisiert, weist jedoch auf gewissen Strecken Hartbelag auf.

Streckenweise Asphaltierung ist in der intensiv genutzten Toggenburger Bauernlandschaft offenbar unvermeidlich. Als Kontrast dazu erfreuen uns die naturnah gebliebenen Ufer und Auenwälder der Thur. Das BLN-Bundesinventar der Landschaften und Naturdenkmäler von nationaler Bedeutung hebt die Bedeutung der geologischen Erscheinungen hervor: Weil der Fluss mäandriert (das heisst sich in vielen Windungen nordwärts schlängelt), schafft er eine Abfolge von Prall- und Gleithängen. Prallhänge, wo die Strömung immer wieder den Hang unterspült, bestehen hier aus eindrücklichen Felsabstürzen. An den sanfteren Gleithängen hingegen, wo das wenig tiefe Wasser nur langsam fliesst, kann sich hinter Kiesbänken auf feuchtem Schwemmland eine Auenvegetation entwickeln.

Blick in den Necker-Canyon

Eine solche Abfolge von Prall- und Gleithängen, von Steil- und Flachufern verunmöglicht es, Strassen oder auch nur schmale Pfade unmittelbar längs der Ufer anzulegen. Die Verkehrsverbindungen – zu denen auch unser Wanderweg zählt – verlaufen deshalb gelegentlich in einiger Entfernung von der Thur, kehren aber stets zum Fluss zurück und überqueren ihn auch des öftern. Von den Hochufern aus bieten sich immer wieder interessante Ausblicke in die Flusslandschaft – und gleichzeitig Einblicke in den Gesteinsuntergrund, wo er durch die Erosionskraft des Voralpengewässers freigelegt worden ist. Nagelfluh baut diesen Teil der Ostschweiz auf, ein Gestein, das aus lauter Geröllen unterschiedlicher Grösse in einem Zement von hartem Sandstein besteht. Sehr schön sind die bis zu 100 Meter senkrecht abfallenden Nagelfluh-Felswände bei der Einmündung des Nebenflusses Necker in die Thur bei Lütisburg zu beobachten, wo der Necker-Canyon von Osten her das Haupttal erreicht.

Sauberes Badewasser

Doch beginnen wir am Startort der Wanderung, in Bazenheid. Im Dorf selbst ist von der nahen Thur wenig zu bemerken: Diskret versteckt sich das Gewässer in der Tiefe zwischen grünen Säumen aus Uferwald. Nach dem Abstieg überqueren wir bei Mülau auf einer Strassenbrücke die Thur. Das Gasthaus hier schreibt sich allerdings «Mühlau», an der Postautolinie Bazenheid – Lütisburg – Bütschwil, welche den ersten Teil unserer Wanderroute in grösserem oder kleinerem Abstand begleitet und vorzeitig Ermatteten durchaus willkommen sein dürfte. Zur Erschöpfung besteht freilich wenig Anlass, denn die Höhenunterschiede halten sich im Rahmen; sie überschreiten selten 100 Meter am Stück.

Weil wir talaufwärts wandern, geht der Blick in Richtung Alpen. Von dort stammen übrigens die Gerölle der Nagelfluh. Eine Vorgängerin der Thur hat vor Jahrmillionen oben in den Bergen tüchtig Abtragungsarbeit geleistet und das weggeschwemmte Gestein in einem Schuttfächer deponiert, wie dies heute noch die Wildwasser des Himalaja oder der Anden tun.

Ein Wort zur Wasserqualität der Thur: Das ganze Toggenburg ist an Kläranlagen angeschlossen, so dass das Flusswasser sauber – und im Sommer durchaus badewarm – dahinströmt. Bei einer Rast liegt mindestens ein erfrischendes Füsseschwenken drin.

Uferwald, Geröllstreifen, Fliesswasser: Immer wieder führt die Wanderung an den Toggenburger Talfluss.

Allerhand Brücken

Die Holzbrücke bei der Necker-Einmündung in die Thur unweit von Lütisburg zeugt von Ostschweizer Zimmermannstradition.

So abwechslungsreich wie die Thur mit ihren Windungen und die immer neuen Ausblicke von den Hochufern sind auch die Brücken in unserer Wanderlandschaft, zum Teil an, zum Teil wenig abseits der Route. Bei der Necker-Einmündung unweit von Lütisburg führen zwei gedeckte Holzbrücken über Necker bzw. Thur. Der Thur-Übergang stammt von 1790 und befindet sich in Sichtweite des siebenjochigen Eisenbahnviadukts über das hier von Westen her einmündende Hammertobel.

Zwischen Ganterschwil und Bütschwil überquert eine neue, jedoch in historischer Holzbauweise ausgeführte Strassenbrücke die Thur. Ganterschwil besitzt übrigens, wie manches Dorf im konfessionell gemischten Toggenburg, zwei Kirchen; früher waren auch die Schulen nach Religionen getrennt. Den Fussgängern vorbehalten bleibt ein Drahtsteg, der Ötschwil am Ostufer mit Bütschwil am Westufer der Thur verbindet. «Ganggelibrugg» heisst diese Hängebrücke im Volksmund, obwohl das Schaukeln auf dem Steg – mit einer Tragkraft von immerhin 50 Personen – streng verboten ist.

Bei Dietfurt befand sich, wie der Name besagt, früher offenbar eine seichte Stelle, welche das Passieren des Flusses zumindest bei Niedrigwasser erlaubte. Wer hier auf die letzte Wanderstunde nach Lichtensteig verzichten möchte, kann heute aber trockenen Fusses auf einer stark befahrenen Strassenbrücke zur nahen Bahnhaltestelle Dietfurt am Gegenufer gelangen.

Das Schlussstück der Thur-Wanderung ist leider nicht mehr sehr naturnah, weil sich nun Verkehrswege und Neubausiedlungen im engen Tal drängen. Doch lohnt es sich trotzdem, und zwar wegen des historischen Städtchens Lichtensteig, eines der schönsten im ganzen Kanton St. Gallen, mit verputzten Fachwerkfassaden und ein paar malerischen Laubengängen.

Informationen

Route	Bazenheid – Mülau – Haslen – Lütisburg – Letzi – Ganterschwil – Loch – Ötschwil – Laufen – Neudietfurt – Lichtensteig.
Anreise	Von Wil an der Schnellzuglinie Zürich – St. Gallen mit den SBB nach Bazenheid.
Rückreise	Ab Lichtensteig mit den SBB zurück nach Wil oder mit der SOB entweder nach St. Gallen oder nach Rapperswil.
Wanderzeit	5 Stunden mit etlichen kürzeren Auf- und Abstiegen.
Variante	Beschränkung auf den ersten Teil der Route und die Wanderung entweder nach 3 Stunden in Bütschwil oder nach 4 Stunden in Dietfurt beenden (jeweils SBB-Verbindungen Richtung Wil).
Karten	Landeskarte der Schweiz 1:25000, Blatt 1093 «Hörnli».
Gaststätten	Bazenheid, Mülau, Lütisburg, Ganterschwil, Bütschwil, Dietfurt, Lichtensteig.
Jahreszeit	Ganzjährig.
Besonderes	Kombinierbar mit der Toggenburger Höhentour oder der Wanderung Bischofszell – Hudelmoos, in diesem Buch.
Internetlink	www.tourismus-ebnat-kappel.ch

10 RANDEN

• MERISHAUSEN – NATURLEHRPFAD – LEUENGRÜNDLI – EMMERBRAATEN – HASLENACKER – HAGENTURM – SCHWEDENSCHANZE – BEGGINGEN

Die nördlichste Naturlandschaft

Von Merishausen über den Randen

Erklärte Natur

Merishausen liegt im nördlichen Hinterland von Schaffhausen und am Ostfuss der Randen-Bergkette. Der Randen ist der letzte Ausläufer des Schweizer Juras und verbindet diesen mit dem Schwäbischen und Fränkischen Jura in Deutschland. Die rauhe, wenig fruchtbare Kalkerhebung hat als Abwanderungsregion einen guten Teil ihrer Naturnähe bewahrt. Der Randen steht unter Landschaftsschutz und ist das nördlichste Gebiet im BLN-Bundesinventar der Landschaften und Naturdenkmäler von nationaler Bedeutung.

Rund um Merishausen laden vier Naturlehrpfad-Routen zum Anschauungsunterricht unter freiem Himmel ein. Zwei davon werden wir bei unserem Anstieg vom Dorfzentrum auf rund 500 m ü. M. zum Hagenturm auf gut 900 m ü. M. kennenlernen. Der blauen Route folgen wir vorerst zur etwas erhöht gelegenen Kirche und dann durch die nach Süden exponierte Stofflenhalde ins Dostental hinein. Wenn wir nach zwei Kilometern auf die braune Route stossen, wissen wir schon einiges über Gesteins-, Tier- und Pflanzenwelt der Umgebung: wie der Malmkalk als Fundament des Randengebirges entstanden ist und welche Versteinerungen er enthält; weshalb es Pflegemassnahmen zum Erhalten der ökologisch wertvollen Trockenstandorte braucht; wie sich die Landwirtschaft in den letzten Jahrzehnten gewandelt hat; welche Sträucher in den Hecken und welche Reptilien in den sie begleitenden Lesesteinhaufen vorkommen; unter welchen Klima- und Bodenbedingungen die Bäume des Randenwaldes am besten gedeihen.

Aussichtsturm über den Wipfeln

Der braune Naturlehrpfad windet sich nun über Leuengründli (es hat keine Löwen hier) und Emmerbraaten (dort wird nichts gebraten – «Braaten» heisst Breite im breiten Dialekt des Schaffhausischen) gegen den Hagenturm hinauf. Unterwegs geht der anregende Naturkundeunterricht in natura weiter. So erfahren wir manches über die Lebensgemeinschaften des Waldrandes, die Beziehung zwischen Wild und Mensch, die typischen Landschaftsformen im nördlichsten Zipfel der Schweiz an der Grenze zur Bundesrepublik Deutschland. Aufgepasst, im Eifer kann die nur schwer erkennbare Grenze überschritten werden: Weder Zaun noch Graben, sondern nur einige bemooste Steine markieren die Trennlinie zwischen den beiden Staaten. Sympathisch ist auch, dass der stählerne Hagenturm nicht etwa zur Grenzwacht, sondern als Ausguck für Wandernde dient. Weil die höchste Erhebung des Randens eher eine Hochfläche als einen Gipfel bildet, braucht es einen solchen Turm – sonst sähe man kaum über die Baumwipfel hinaus.

Mehr Steine als Halme

Es sind lockere Föhrenbestände, die hier auf kargem Kalkboden Halt finden. Niederschlagswasser versickert sofort im Untergrund, so dass die Hochlagen – obwohl recht ausgiebig beregnet – unter Mangel an Feuchtigkeit leiden. Der Landwirtschaftsertrag war stets gering, und die Bauern pflegten zu sagen, als sie die Äcker noch bestellten, bei ihnen würden wohl mehr Steine als Halme wachsen. Als im 19. Jahrhundert Kinderreichtum noch die Regel war, kam es sogar zu Hungersnöten. So klagt ein Bericht von 1847 aus Beggingen, unserem Wanderziel: «Zahlreiche Familien haben seit geraumer Zeit nichts mehr, viele nähren sich von Rüben, Kräutern aller Art, Schnecken.»

Die Aussichtsplattform Hagenturm ist 40 Meter hoch und wurde 1989 gebaut.

Weiter Ausblick vom Hagenturm über den Randen.

Erst die einsetzende Abwanderung in die Industrieregion Neuhausen-Schaffhausen bedeutete eine Verbesserung des Lebensunterhalts, und heute zählt das Randengebiet weit weniger Ansässige als vor 150 Jahren. Stark zugenommen hat in letzter Zeit der Erholungstourismus, und aus Gründen des Landschaftsschutzes musste im Kerngebiet ein Fahrverbot für Motorfahrzeuge verfügt werden.

Vom Hagenturm, der im Herbst und Winter erfreulicherweise oft über das Nebelmeer ragt, geht es in nordwestlicher Richtung zur nahen Schwedenschanze. Der Name erinnert an den Einfall eines Schwedenheeres im Dreissigjährigen Krieg (1618–1648). Von einer Befestigung ist nichts mehr zu sehen, doch öffnet sich hier der Blick Richtung Schwarzwald. Bei der Schwedenschanze beginnt der Steilabstieg durch den Wald nach Beggingen, nunmehr ohne die Erläuterungen eines Naturlehrpfades.

Randen

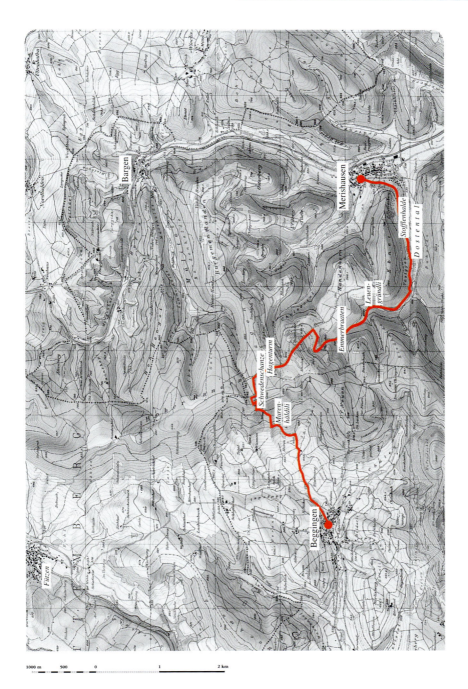

Informationen

Route	Merishausen – Naturlehrpfad (zuerst blaue, dann braune Route) über die Stofflenhalde westwärts ins Dostental – Leuengründli – Emmerbraaten – Haslenacker – Hagenturm – Schwedenschanze – Abstieg gegen Westen über Murenhäldili nach Beggingen.
Anreise	Ab Schaffhausen mit dem Postauto der Linie nach Bargen bis Merishausen.
Rückreise	Ab Beggingen mit dem Bus via Schleitheim zurück nach Schaffhausen.
Wanderzeit	4 Stunden mit je 400 Meter Steigung und Gefälle.
Variante	Vom Hagenturm gibt es zwei weitere Abstiege – ostwärts gegen Bargen oder nordwärts über die Grenze ins deutsche Fützen.
Karten	Landeskarte der Schweiz 1:25 000, Blatt 1011 «Beggingen».
Gaststätten	Merishausen, Beggingen.
Jahreszeit	Frühling bis Spätherbst; wenn kein Schnee liegt, auch im Winter.
Besonderes	Identitätskarte mitnehmen.
Internetlink	www.merishausen.ch

11 MADERANERTAL

- GOLZERN – GOLZERENSEE – GOLZERN – EGG – EISTEN – GEISSNOSSEN – CHILCHERBERGEN

Uri zwischen Erde und Himmel

Maderanertal und Golzerensee

Grossbauer schon mit sieben Kühen

Schon die Anfahrt ins Maderanertal von Amsteg im Urner Reusstal her ist ein Erlebnis. Auf schmaler Strasse windet sich das Postauto mit Dreiklangton neben einer abweisenden Schlucht in die Höhe, bis der offenere Talboden bei Bristen erreicht ist. Diese beiden Landschaftsaspekte – düster bedrohlich und heiter freundlich – werden uns auch auf der Wanderung an der Nordflanke des Maderanertals begleiten. Zum Einstimmen zuerst der leichtere Teil, die Sonnenterrasse von Golzern auf 1400 m ü. M.

Von der Endstation der Postautolinie zwei Kilometer östlich des Dorfes Bristen führt eine Luftseilbahn hinauf und erspart einen Anstieg von fast 600 Höhenmetern. Wie steil das Gelände hier ist! Und wo überall die Bauern ihr Bergheu vom letzten Fleck, und sei er noch so klein und abfallend, gewinnen. «Bei uns oben ist einer mit sieben Kühen schon fast Grossbauer», sagt der Mann mit der Sense, der die Wiese über dem Wanderweg zum Golzerensee mäht. Viel Handarbeit gebe es, deshalb würde die Zeit auch gar nicht reichen, um im Sommer genügend Winterfutter für eine grössere Viehherde zusammenzubringen.

Zufluchtsorte im Winter

So idyllisch es an sonnigen Sommer- oder Herbsttagen hier oben auch sein mag – im Winter herrschen wesentlich rauhere Bedingungen. Davon zeugen die kleinen Unterstände aus Beton am Wegrand. Es sind Lawinenfluchtnischen für jene wenigen Personen, die auch während der kalten Jahreszeit auf Golzern ausharren.

Beim Weiler Seewen über dem Golzerensee (so die offizielle Schreibweise der Landeskarte; der Fremdenverkehrsprospekt schreibt Golzernsee) gibt es die Möglichkeit zu übernachten. Das Seelein selber steht unter Naturschutz. Zusammen mit dem benachbarten Fellital gehört das Maderanertal zu den Landschaften und Naturdenkmälern von nationaler Bedeutung und ist im BLN-Bundesinventar aufgeführt.

Beim Blick zum Gegenhang im Süden fällt die markante Berggestalt des Bristen auf. Östlich von diesem Dreitausender steigt das einsame, kristallreiche Etzlital gegen den 2347 Meter hohen Chrützlipass an der Kantonsgrenze zu Graubünden an; der Abstieg führt dann nach Sedrun im Vorderrheintal.

Bergwald sucht Halt

Die Kristallsuche – das Strahlen – war schon immer eine willkommene Nebenbeschäftigung im Maderanertal. Während grössere Mineraliengruppen an Museen und Sammler gehen, werden kleinere «Spitzlein» für wenige Franken gerne den Wanderern angeboten. Auf dem Weg zwischen Bergstation und Golzerensee finden wir vielleicht eine Kiste mit Bergkristallen und Preisangaben neben einer

Beim Aufstieg durch den Wald ist Trittsicherheit erforderlich.

Lawinenfluchtnische: Selbstbedienung in einem Landstrich, wo man noch auf die Ehrlichkeit der Kundschaft bauen darf.

Zurück bei der Bergstation gilt es einen Entscheid zu treffen: zu Fuss (oder gar mit der Luftseilbahn) hinunter ins Tal oder aber auf markiertem Bergweg weiter der Steilflanke entlang zuerst westwärts und dann gegen Norden umbiegend nach Chilcherbergen ob Silenen? Wer nicht trittsicher ist, zu Schwindel neigt oder dem Wetter nicht traut (denn bei Nässe ist von dieser Route abzuraten), wähle lieber die erste Variante. Tatsächlich verläuft die Traverse nach Chilcherbergen in einem der steilsten Hänge, die ausserhalb des Hochgebirges anzutreffen sind ... was natürlich gerade zu ihrem Reiz beiträgt.

Hier auf exponierter Route, wo der Bergwald fast verzweifelt, wie es scheint, im bröckligen Gestein einen Halt sucht, erleben wir nach der heiteren Golzern-Szenerie nun die düster-abweisende Seite der Urner Bergwelt.

In offener Kiste talwärts

Wo der Pfad gegen Norden umbiegt und gleichzeitig vom Landeskartenblatt «Amsteg» auf das Nachbarblatt «Schächental» wechselt, wird der Blick hinunter ins Reusstal frei. Gleichzeitig löst ein Dauerbrausen von der Gotthard-Autobahn her die bisherige Stille ab. Die Route senkt sich nun gegen die Häuser des Weilers Chilcherbergen zu, und gleichzeitig fällt der Wechsel im Gestein auf: Statt dunkle, schiefrige Gneise sind nun helle, massige Kalke zu sehen. Solche Kalke bauen auch die Windgällen-Gruppe auf, deren Ausläufer hoch oben und fast unerreichbar fern im Osten erscheinen. In Chilcherbergen befindet sich die Bergstation der Luftseilbahn hinunter nach Silenen. Wer mitfahren möchte, melde sich im Haus gleich nebenan – und bewahre Fassung, wenn das Gefährt heraufschwebt. Es ist eine offene Kiste, und nur der Gedanke, dass man die letzten beiden Wanderstunden ja ebenfalls zwischen Himmel und Erde verbracht hat, erleichtert das Einsteigen. Motivierend wirkt auch die Vorstellung, sonst den 600-Meter-Steilabstieg unter die doch schon rechtschaffen müden Füsse nehmen zu müssen.

Freiluft-Talfahrt: Solche Seilbahnen verbinden abgelegene Urner Weiler mit der Aussenwelt.

Die Freiluft-Schwebefahrt ist ein besonderes Erlebnis, der Tiefblick ins Reusstal einmalig. Rasch senkt sich unser Transportmittel dem Dorf Silenen entgegen, in dessen Ortsname noch der alte Name des Talgewässers erhalten blieb: Nach ihrer Flussgöttin Sila hatten die Kelten ursprünglich die Reuss benannt; der heute gebräuchliche Flussname geht auf die Alemannen zurück und heisst «die Reissende».

Maderandertal

Informationen

Route	Bergstation Golzern im Maderanertal – Golzerensee – zurück zur Bergstation Golzern – Egg – Eisten – Geissnossen – Bergstation Chilcherbergen ob Silenen.
Anreise	Ab Erstfeld an der SBB-Gotthardlinie mit dem Autobus nach Amsteg Post, von dort Postauto nach Bristen/Golzern Talstation. Mit der Luftseilbahn hinauf nach Golzern.
Rückreise	Ab Chilcherbergen mit der Luftseilbahn hinunter nach Silenen, dort Autobus zum Bahnhof Erstfeld an der SBB-Gotthardlinie.
Wanderzeit	4 Stunden mit einigen kurzen Steigungen und 400 Meter Gefälle.
Variante	Von der Bergstation Golzern zu Fuss hinunter ins Dorf Bristen. Kürzere Wanderzeit, aber grösseres Gefälle. Mit dem Postauto zurück nach Amsteg Post.
Karten	Landeskarte der Schweiz 1:25 000, Blätter 1192 «Schächental» (für Variante nicht nötig) und 1212 «Amsteg».
Gaststätten	Golzern/Seewen, bei Variante auch Bristen.
Jahreszeit	Sommer und Herbst.
Besonderes	Auf dem Weg Golzern Bergstation – Chilcherbergen sind Trittsicherheit und Schwindelfreiheit Voraussetzung.
Internetlinks	www.maderanertal.ch, www.uri.info

12 FELLITAL
· GURTNELLEN WILER – FELLITAL – TRESCHHÜTTE SAC – GURTNELLEN WILER

Das Fellital

Hier würde es Wilhelm Tell heute gefallen

Zwischen Auto- und Eisenbahn

Würde der legendäre Wilhelm Tell heute ins Urnerland zurückkehren, müsste er wohl die Nase rümpfen und sich die Ohren zuhalten: Das Reusstal als Hauptsiedlungsgebiet hat sich derart stark verändert, dass der Freiheitsheld seine Heimat kaum mehr wiedererkennen würde.
Wir stehen bei dem zur Gemeinde Gurtnellen gehörenden Weiler Wiler an der alten Gotthardstrasse. Wenig oberhalb am Hang donnern ohne Unterlass Lastwagen über die Autobahn, jenseits der Reuss zischen Schnellzüge und rattern Güterkompositionen auf der Bahnlinie vorbei. Trotz – oder gerade wegen – des regen Schienenverkehrs fahren jetzt keine Regionalzüge mehr durchs Urner Reusstal; die Anreise zur Fellital-Tour erfolgt mit einem Bus von Erstfeld oder Göschenen her.
Einige hundert Meter geht es dann talabwärts auf der zum Glück nicht mehr so stark befahrenen Hauptstrasse, dann führt eine Abzweigung unter der Autobahn hindurch. Auf diesem Nebensträsschen gewinnen wir an Höhe, bis sich zwischen himmelhohen Bergen an der Ostflanke des Reusstals ein Riss öffnet: das Fellital. Bei Mineralienfreunden ist es seines Kristallreichtums wegen ein Begriff, Naturliebhaber schätzen die wild-herbe Kulisse und die nur vom Bachrauschen durchbrochene Stille wenig abseits der Gotthard-Autobahn.

Jagdverbot im Schutzgebiet

Der erste Anstieg wird nicht der letzte bleiben: Bis zur Treschhütte des Schweizer Alpen-Clubs (SAC), dem Wendepunkt unserer Wanderung auf 1475 m ü. M., sind insgesamt 750 Meter Steigung zu bewältigen – und auf dem Rückweg dann ebensoviel Gefälle. Übersteil ragen auf beiden Seiten die Talwände empor, so dass man sich fragt, wo denn da die Dörfer sind. In der Tat liegt Gurtnellen selber nicht an der Bahnlinie unten im Reusstal, sondern am Sonnenhang auf einer Terrasse 200 Meter darüber und von unserem Standort am Eingang zum Fellital aus gut zu sehen. Wir selber wandern auf der Schattenseite, was auch erklären mag, warum es hier, von wenigen Bergbauernhöfen abgesehen, keine Dauerbesiedlung gibt. Dank Steilheit und Schattenlage blieb das Fellital denn auch von Verschandelung verschont. Hat man einmal das verkehrsdurchbrauste Reusstal hinter sich gelassen, öffnet sich eine andere Welt: Hier würde sich der bärtige Gemsjäger Tell bestimmt auch heute noch heimisch fühlen – nur dass er sich im Naturschutzgebiet natürlich an das Jagdverbot halten müsste.

Weil das Fellital mit einer ausgesprochenen Steilstufe ins tiefeingeschnittene Reusstal mündet, hat man, um diesen Höhenunterschied zu nutzen, den Unterlauf des Fellibachs zur Elektrizitätsgewinnung gefasst.

Nur ein Saumpfad führt ins Fellital.

Im ganzen Oberlauf hingegen, dem der Wanderweg auf weite Strecken folgt, stürzt sich kristallklares Wasser schäumend von Granitblock zu Granitblock, während hinter dem Bristen – mit seinen 3072 m ü. M. erscheint er vom Tal aus fast unbezwingbar – die Sonne höhersteigt und alle Tropfen im Gegenlicht zum Funkeln bringt.

Silber, Bergkristall und Gemsen

Nach dem Oberen Felliberg verläuft der Pfad eine Weile fast flach. Rechter Hand steigt das Gelände weglos zum Fellihorn an (es heisst bei den Einheimischen auch Taghorn und bringt es auf 2090 m ü. M.), während auf der gegenüberliegenden Talseite noch immer die gewaltige Felsmasse des Bristens dominiert. Dieser Berg ist sagenumwittert und soll von Goldadern durchzogen sein. So ganz daneben liegt das Volk in seinem Glauben für einmal nicht: Im 16. Jahrhundert gab es am Bristen tatsächlich ein Silber- und Bleibergwerk, und heute holen einheimische Strahler noch immer Bergkristalle aus den Klüften.

Der grosse Reichtum der Region liegt aber in seiner Gebirgslandschaft. Mit gutem Grund wurde das Fellital daher unter Naturschutz gestellt; zusammen mit dem nordöstlich benachbarten Maderanertal jenseits des Bristens ist es auch im BLN-Bundesinventar der Landschaften und Naturdenkmäler von nationaler Bedeutung verzeichnet. Bei der Treschhütte SAC haben wir eine ausgiebige Rast verdient. Die hübsche, 1947 aus Steinblöcken erbaute Unterkunft gehört der Zürcher Sektion Albis und ersetzt die einstige Holzhütte, die früher etwas weiter unten am Rand der Alpweide Ronen stand. Den Namen trägt die Treschhütte zum Andenken an den Bergführer und Strahler Johann Josef Tresch (1835–1902), der als «Felli-Tresch» seine letzten Jahre einsiedlerisch im Fellital verlebte.

Die Vegetation unterscheidet sich nicht wesentlich von jener in anderen Urner Seitentälern: Nadelwald, Legföhren, Erlen ... Als Spezialität – und häufiger Aufenthaltsort der Gemsen – sei der Arvenwald am Felligrat genannt, der einzige Arvenbestand der Innerschweiz. Am Grenzgrat zwischen Fellital und Reusstal ist er praktisch unzugänglich und wohl gerade daher erhalten geblieben.

Der kargen Scholle verbunden

Im Sommer bewirtschaften Hirten die Alpweiden im Fellital. Das Bergbauernleben im Urnerland zählt zu den härtesten überhaupt. Etliche Höfe sind nur zu Fuss oder mit Seilbahnen zu erreichen, andere auf schmalen Strässchen in kurvenreicher Fahrt. Vergleichbares Gelände etwa auf der Alpensüdseite wird schon lange nicht mehr genutzt. Die Nachkommen Wilhelm Tells aber bleiben hartnäckig ihrer kargen Scholle verbunden und denken keineswegs ans Aufgeben. Da der einzelne Mensch in rauher Gebirgswelt verloren wäre, pflegen die Bauern noch immer ihre traditionellen genossenschaftlichen Wirtschaftsformen. Solche Genossenschaften haben bedeutenden Einfluss. Die Alpkorporation Fellital beispielsweise wusste es zu verhindern, dass der Neubau der Treschhütte, wie vom SAC gewünscht, weiter oben ins Tal zu stehen kam. Nun, der gegenwärtige Standort hat auch seine Vorzüge. Hier treffen nämlich zwei interessante Passpfade aufeinander.

Fellital

Die Treschhütte SAC am Albis.

Wer also nicht auf gleichem Weg in rund zwei Stunden nach Gurtnellen Wiler ins Reusstal zurückkehren will, kann – allenfalls nach einer Übernachtung in der Treschhütte – weiter ins Gebirge vordringen. Nach Süden geht es in vier bis fünf Stunden über die 2478 Meter hohe Fellilücke zum Oberalppass, nach Osten auf freilich oft rauhem Weg in ebenfalls etwa viereinhalb Stunden über die 2506 Meter hohe Pörtlilücke zur Etzlihütte SAC; von dort sind es dann durchs Etzlital nach Bristen im Maderanertal noch zusätzliche 3 Stunden.

Informationen

Route	Gurtnellen Wiler – Fellital – Treschhütte SAC – auf gleichem Weg zurück nach Gurtnellen Wiler.
Anreise	Mit den SBB nach Erstfeld oder Göschenen, von dort Bus nach Gurtnellen Wiler (Haltestelle Gurtnellen der Gotthardstrasse).
Rückreise	Siehe Anreise.
Wanderzeit	4–5 Stunden mit je 750 Meter Steigung und Gefälle.
Variante	Ab Treschhütte SAC (Übernachtungsmöglichkeit) in 4–5 Stunden Richtung Süden über die Fellilücke (2478 m ü. M.) zur Station Oberalppass der Matterhorn-Gotthard-Bahn (Rückfahrt via Andermatt – Göschenen oder Disentis – Chur).
Karten	Landeskarte 1:25 000, Blatt 1212 «Amsteg». Für Variante Fellilücke ausserdem Blatt 1232 «Oberalppass».
Gaststätten	Gurtnellen, Treschhütte SAC.
Jahreszeit	Sommer und Herbst.
Besonderes	Das Sammeln schöner Steine ist erlaubt; für das Strahlen hingegen – die Kristallsuche mit speziellen Werkzeugen – braucht es eine Bewilligung (Gemeindeverwaltung Gurtnellen).
Internetlinks	www.urneralpen.ch, www.gurtnellen.ch

13 MUOTATAL

MUOTATHAL – FEDLI – MITTLIST WEID – PLÄTSCH – GÜTSCH – BÖDMERENWALD – STÄGEN – ZINGEL – CHALBERLOCH – PRAGEL – MUOTATHAL

Kalk, Karst und Karren...

...über dem wilden Muotatal

Auskunft vom Wetterfrosch

Im Muotatal, Kanton Schwyz, pflegt man Tradition und Naturverbundenheit. Die Traditionsliebe äussert sich in der Schreibweise: Das langgestreckte Dorf (nicht aber das Tal selber) schreibt sich noch mit altertümlichem «th» – Muotathal. Und die Nähe zur Natur hat eine besondere Form der Wettervorhersage am Leben erhalten: Bauern beobachten, was sich in der Tier- und Pflanzenwelt tut, und ziehen daraus ihre Schlüsse. So fragen wir also den betagten Mann auf dem Bänklein bei der alten Post im Muotathaler Ortsteil Hinterthal, ob wir morgen den langen Marsch durch den Bödmerenwald hinauf zum Pragelpass wohl wagen dürften. Es sei gutes, stabiles Wetter, vielleicht gegen Abend ein Gewitter, so die Auskunft.

Das Einholen solcher Informationen ist keine Marotte, sondern kann einigen Ärger ersparen. Die Karstlandschaft am Pragelpass nämlich zählt zu den wildesten, urtümlichsten Regionen der Innerschweiz. Schon bei günstigen Verhältnissen heisst es aufpassen, dass man sich in dem unübersichtlichen Gelände zwischen Nadelgehölz und Felsschroffen nicht verirrt. Bei Regen, Nebel oder gar Dunkelheit würde die Wanderung dann rasch zum Abenteuer der unerfreulichen Art.

170 Kilometer unter Tag

Empfehlenswert ist auch das Übernachten im Startort Muotathal, gilt es doch, am folgenden Tag ein ordentliches Pensum mit je 1100 Meter Steigung und Gefälle zu bewältigen. Keine andere Tour in diesem Buch kennt so namhafte Höhenunterschiede. Freilich sind diese gut auf die ganze Route verteilt und deshalb problemlos zu bewältigen. Die grössten Niveaudifferenzen finden sich am Anfang (wenn man noch frisch ist) und am Ende der Wanderung (wenn bereits der Labetrunk am Ziel lockt). Erleichtert wird der An- wie Abstieg durch

Muotathal

Kalkfelsen prägen die Pragelpasslandschaft am Rand des Naturschutzgebietes Bödmeren-Silberen.

schattenspendende Waldpartien, und die abwechslungsreiche Landschaft lässt keine Langeweile aufkommen.
Die erste naturgeschichtliche Sehenswürdigkeit taucht schon bald nach Wanderbeginn am Wegrand auf: der Eingang zum Hölloch. Diese zweitgrösste Höhle der Welt wurde 1875 entdeckt; heute kennt man hier ein unterirdisches Gangnetz von 170 Kilometern – und noch warten zahlreiche Seitenäste des Grottensystems auf Vermessung. Das Vorkommen einer solchen Höhle ist typisch für ein Gebirge aus reinem Kalk, wo Niederschlagswasser sein jahrtausendelanges Lösungswerk verrichtet. An der Erdoberfläche äussert sich diese Verwitterung durch die Bildung von Karren: Vertiefungen im nackten Kalkstein, durch Kämme voneinander getrennt. Die Gesamtheit der ober- und unterirdischen Erosionsformen heisst Karst.

Geschützt, weil nutzlos

Der Bödmerenwald wird kaum genutzt und konnte sich so zum Urwald entwickeln.

Auf solch schwierigem Relief stockt der Bödmerenwald, der grösste Fichtenurwald im ganzen Alpenraum. Weil Karst die Forstbewirtschaftung schwierig macht, wird der Bödmerenwald kaum genutzt und konnte sich über die Jahrhunderte zum Urwald entwickeln. Weiter oben, über der Baumgrenze gegen die Kalkplatte der Silberen zu, treten die Karstformationen fast vegetationslos zutage und bilden eine eindrückliche Wüstenlandschaft in der keineswegs niederschlagsarmen Zentralschweiz. Doch wo jedes Rinnsal gleich durch Klüfte und Spalten im Untergrund versickert, können keine grünenden Fluren aufkommen. So geniesst diese vom Menschen auf der Seite gelassene Naturlandschaft von selbst den denkbar besten Schutz, und die Aufnahme ins BLN-Bundesinventar der Landschaften und Naturdenkmäler von nationaler Bedeutung war nicht viel mehr als eine Formalität.

Weil die Waldwildnis im unteren und dann das kleingekammerte Kalkgesteinsrelief im oberen Teil des Wegs zum Pragelpass die Gefahr des Verirrens birgt, halte man sich genau an die Route und vergleiche das Gelände immer wieder mit der 25000er Karte. Der höchste Punkt liegt bei 1736 m ü. M. wenig südlich des Pragelpasses (1543 m ü. M.). Der Rest der Wanderung zurück nach Muotathal/Hinterthal verläuft von Alp zu Alp, deren Weiden durch Waldparzellen voneinander getrennt sind: Gruebi, Guetentalboden, Fruttli, Chlosterberg, Schafmatt, Haselbach, Egg und Stalden heissen hier die Zwischenstationen.

Muotathal

Informationen

Route	Muotathal/Hinterthal – Eingang zum Höllloch – Fedli – Mittlist Weid – Plätsch – Gütsch – Räsishütte – Gschwändhütte – Bödmerenwald – Stägen – südlich am Roggenstöckli vorbei – Zingel – Chalberloch – Pragel (Alp und Pass) – Abstieg gegen Südwesten nach Muotathal/Hinterthal.
Anreise	Ab Bahnhof Schwyz mit dem Autobus nach Muotathal/Hinterthal.
Rückreise	Siehe Anreise.
Wanderzeit	7 Stunden mit je 1100 Meter Steigung und Gefälle.
Variante	Vom Pragelpass gegen Nordosten nach Richisau im Klöntal absteigen (Postauto nach Glarus). Erspart eine Wanderstunde.
Karten	Landeskarte der Schweiz 1:25 000, Blätter 1172 «Muotatal» und 1173 «Linthal». Für Variante ausserdem 1153 «Klöntal».
Gaststätte	Muotathal/Hinterthal, Pragel.
Jahreszeit	Sommer und Herbst.
Besonderes	Im waldigen und felsigen Gelände Gefahr, sich zu verirren – Weg nicht verlassen!
Internetlink	www.schwyz-tourismus.ch

14 MELCHTAL

· ALPNACH – WICHELSEE – ETSCHI – KERNWALD – GERZENSEE – CHÄPPELI – ST. ANTONI – EGG – RIED – ST. NIKLAUSEN – FLÜELI/RANFT

Im Herzen der Innerschweiz

Vom Kernwald zum Melchtal

Drachen im Grenzwald

Als Waldstätte sind die Gründungsorte der Eidgenossenschaft bekannt geworden. Tatsächlich war die Region rund um den Vierwaldstättersee damals noch weitgehend eine Waldwildnis. Rodungen haben dann nach und nach Kulturland geschaffen, doch noch immer finden sich hier im Herzen der Urschweiz ausgedehnte Forstgebiete. Ein solches ist der Kernwald im Osten von Alpnach zwischen dem Tal der Sarner Aa und dem 1898 Meter hohen Stanserhorn. Mitten hindurch verläuft die Grenze zwischen den beiden Halbkantonen Ob- und Nidwalden, also «ob dem Wald» und «nid dem Wald».

Der Bahnhof von Alpnach an der schmalspurigen SBB-Brüniglinie Luzern – Interlaken liegt am Ostrand des Dorfes, und so sind wir – nach Unterquerung der Schnellstrasse – bald auf freiem Feld. Eine Wendung nach Süden dem langgestreckten Wichelsee entgegen, und schon nimmt uns jenseits der Sarner Aa der dunkle Kernwald auf. Hier hätten im Mittelalter noch Drachen gehaust, erzählt die Sage; der letzte Lindwurm sei durch Strutthahn Winkelried erlegt worden, einen Vorfahren des Helden von Sempach. Die Drachensage mag auf den Umstand anspielen, dass sich in unzugänglichen Waldgebieten noch lange die letzten grossen Raubtiere wie Wölfe oder Bären halten konnten.

Naturschutzgebiet Gerzensee

Der Kernwald mit seinen Forststrassen und Wanderwegmarkierungen macht heute einen wesentlich manierlicheren Eindruck als damals zu Zeiten des Drachentöters. Jetzt muss der Mensch nicht mehr gegen die wilde Natur kämpfen, sondern im Gegenteil die Reste der Naturlandschaft zu bewahren suchen. Deshalb wurde auch der idyllische Gerzensee samt seiner Uferzone mitten im Kernwald – auf Obwaldner Territorium gelegen – unter Naturschutz gestellt. Der

Kernwald selber zählt zu den Landschaften und Naturdenkmälern von nationaler Bedeutung.

Im Osten des Kernwaldes, an dem zum Stanserhorn ansteigenden Berghang mit seinen Obstbaumkulturen, stossen wir auf den mit einem Sternsignet speziell markierten Bruder-Klausen-Weg. Diese Route beginnt im nidwaldnischen Hauptort Stans und führt nach Flüeli/Ranft am Ausgang des Grossen Melchtals im Obwaldnerland, dem Wirkungsort von Bruder Klaus. Diesem historischen Weg folgen wir auf seinem ganzen zweiten Teil durch eine liebliche Voralpenregion. Überall gepflegte Landwirtschaftsbetriebe, deren Besitzer sich noch die Mühe nehmen, der kleingekammerten Topographie einen Lebensunterhalt abzuringen. Zusammen mit dem in vergleichbarer Voralpenzone gelegenen Halbkanton Appenzell Innerrhoden ist Obwalden der am stärksten bäuerlich geprägte Stand der Eidgenossenschaft.

Der geheimnisvolle Gerzensee mitten im Kernwald.

Ein rettender Ratschlag

Der Bruder-Klausen-Weg folgt der Spur eines Mannes, der diese Route 1481 eilends unter recht dramatischen Umständen zurücklegte. Damals stritten in Stans die Abgeordneten der eidgenössischen Stände über die Machtverteilung im Land. Die Auseinandersetzung verlief hitzig, und schon wollten sich die Männer unter Kriegsdrohungen auf den Heimweg machen, als der Stanser Pfarrer Heimo am Grund einen letzten Versöhnungsversuch unternahm. Er eilte nächtlicherweile zur Einsiedlerklause des Niklaus von Flüe im Ranft bei Flüeli und kehrte – schweissgebadet, wie die Chronik berichtet – mit dem Rat des weisen Mannes nach Stans zurück. Wie durch ein Wunder liessen sich nun die Differenzen bereinigen, und in Frieden gingen die Abgeordneten auseinander, nachdem sie gemeinsam das Stanser Verkommnis (ein Vertragswerk) unterzeichnet hatten: Das Land war gerettet!

Wo vor mehr als 500 Jahren der Stanser Pfarrer im Fackelschein dahineilte, wandern wir um einiges gemächlicher dem Grossen Melchtal entgegen. Dort befinden wir uns nicht allein im Herzen der Innerschweiz, sondern auch nahe beim geographischen Mittelpunkt der Schweiz – dieser liegt auf der Älggialp zwischen Grossem und Kleinem Melchtal. Unsere Zwischenstationen heissen Chäppeli (auch Maichäppeli genannt), St. Antoni (Rastplatz), Egg (ein Aussichts- und mit 816 m ü. M. auch der Höhepunkt unserer Tour), Ried (ein urbar gemachtes Stück Sumpfland) und St. Niklausen (am Eingang zum Melchtal gelegen und von einer uralten Kirche überragt). Nun ist jenseits der Melchaa-Schlucht auch bereits unser Wanderziel zu erkennen, der Bruder-Klausen-Wallfahrtsort Flüeli/Ranft.

Am Rand der Welt

Ranft bedeutet Rand. An dieser Stelle befand sich im späten Mittelalter der «Rand der bewohnten Welt», und hierher zog sich Niklaus von Flüe im Alter von fünfzig Jahren auf Gottes Geheiss, wie er erklärte, als Einsiedler zurück. Die Stätte der Einkehr befindet sich eine Viertelstunde von seinem Wohnort Flüeli entfernt.

Ohne Nahrung zu sich zu nehmen, so berichteten seine Zeitgenossen, lebte Bruder Klaus zwanzig Jahre lang betend im Ranft. Von den Landsleuten wurde er schon zu Lebzeiten wie ein Heiliger verehrt. Dies gab seinem Rat im Schicksalsjahr 1481 das nötige Gewicht, um die zerstrittenen Eidgenossen in Stans zu einigen. 1947 wurde er heiliggesprochen.

Flüeli/Ranft ist ein bedeutender Wallfahrtsort. Wir Wandernden profitieren von der Infrastruktur und lassen uns in einer der Gaststätten gerne eine Stärkung servieren, bevor wir das Postauto zur Fahrt hinunter nach Sachseln am Sarnersee (im Sommer Badegelegenheit) besteigen. In der Pfarrkirche von Sachseln liegt Bruder Klaus übrigens begraben.

Grabplatte des Niklaus von Flüe in der Grabkapelle.

Informationen

Route	Alpnach – Wichelsee – Etschi – Kernwald – Gerzensee – Chäppeli – St. Antoni – Egg – Ried – St. Niklausen – Flüeli/Ranft.
Anreise	Mit der SBB-Brüniglinie Luzern – Interlaken nach Alpnach.
Rückreise	Ab Flüeli/Ranft mit dem Postauto nach Sachseln an der SBB-Brüniglinie.
Wanderzeit	4 Stunden mit 500 Meter Steigung und 200 Meter Gefälle.
Variante	Fortsetzung der Wanderung von Flüeli/Ranft auf der Westseite der Melchaa-Schlucht nach Melchtal, zusätzlich 2 Stunden. Rückfahrt mit dem Postauto nach Sarnen an der SBB-Brüniglinie.
Karten	Landeskarte der Schweiz 1:25000, Blätter 1170 «Alpnach» und 1190 «Melchtal».
Gaststätten	Alpnach, Flüeli/Ranft.
Jahreszeit	Frühling bis Spätherbst.
Besonderes	In Flüeli/Ranft lohnt sich der Besuch des Geburts- und Wohnhauses von Bruder Klaus. Sie zeigen, wie bescheiden man im Mittelalter in den Alpen gelebt hat.
Internetlink	www.centralswitzerland.ch

15 GLAUBEN-BIELEN

• MÖRLIALP – RINDERALP – GLAUBENBIELENTAL – GÜTTENBODEN – RORZOPF – MÖRLIALP

Glaubenbielen im Obwaldnerland

Ein anspruchsvoller Flysch-Bergwald

Gesteinsname als Warnung

Im Sommer oder Herbst stehen die Masten der beiden Skilifte auf der Mörlialp etwas verlegen in der Landschaft. Doch während des Winters habe es hier an der Ostflanke des Glaubenbielenpasses im Obwaldnerland trotz der verhältnismässig geringen Höhenlage von 1380 m ü. M. in der Regel genügend Schnee, versichern die Einheimischen. So hat sich denn neben dem Alpwirtschaftsbetrieb ein kleines Tourismuszentrum entwickeln können. Eine letzte Tasse Kaffee im Restaurant, dann geht es hinaus in die Wildnis der zerschrundenen Gräben, die sich gegen den Sarnersee hinunterziehen. Unser Wandergebiet – für einmal ohne durchgehend markierte Wanderwege – gehört zum weiträumigen Reservat «Flyschlandschaft Hagleren – Glaubenberg – Schlieren» aus dem Bundesinventar der Landschaften und Naturdenkmäler von nationaler Bedeutung (BLN). Diese Wald-, Weide- und Moorregion der Voralpen verdankt ihr Entstehen einer Gesteinsart, eben dem Flysch, die nirgendwo sonst in der Schweiz derart grossflächig vorkommt. Flysch ist eine wechselschichtige Ablagerung aus Ton und Kalk mit darin eingeschalteten Gipslinsen. So erstaunt es denn nicht, dass Flyschgebiete zum Vernässen und zu Rutschungen neigen. Beide Erscheinungen werden wir unterwegs im Detail kennenlernen. Der Gesteinsname Flysch mag als Warnung dienen, enthält er doch den Ausdruck für «fliessen»...

Orchideen am Wegrand

Vorerst jedoch marschieren wir noch auf stabilem Fahrsträsschen über die Mörlialp. Nach der benachbarten Rinderalp wird das Strässchen zum Weg, und gleich hinter der ersten Kurve zweigt ein schmaler Fusspfad steil hinunter ins Bachtobel des Glaubenbielentals ab. Im nordexponierten Bergwald mit seinen ausgedehnten Huflattich-Beständen ist es dunkel und dauerfeucht; entsprechend rutschig erscheint der Untergrund. Nur wo das Gelände flacher wird, lässt ein Hangmoor die Tageshelligkeit bis zum Boden gelangen. Hier finden sich denn auch botanische Raritäten wie Knabenkraut (eine Orchideenart) und Türkenbundlilie, beide geschützt. Am Bach unten dann eine Rast, bevor der Pfad zur Gegensteigung am anderen Ufer ansetzt. Was hier bei schönem Wetter so kühl und klar zu einem Fussbad verlockt, kann nach Starkregen als verheerendes Wildwasser, vermischt mit Geröll, Schlamm und ganzen Baumstämmen, talwärts donnern. Im unteren Teil des Tales wurden daher zum Verhindern von Überschwemmungen aufwendige Verbauungen erstellt. Kreuz und quer liegen die Stämme nicht nur im Bachbett, sondern auch in den unzugänglicheren Teilen des Bergwaldes selbst. Hier lohnt sich eine forstwirtschaftliche Nutzung kaum, und ohne dass besondere Schutzbestimmungen nötig wären, entwickelt sich nach und nach ein Urwald. Zwischen den Bäumen gedeiht eine bemerkenswerte Krautvegetation, dem feuchten Untergrund angepasst: überall Farne, Katzenschwänze, Flechten, Moospolster.

Das Obwaldnerland ist noch reich an Feuchtgebieten wie diesem Hangmoor im Flysch-Bergwald.

Natur versteht keinen Spass

Jemand hat sich bemüht, einen Weg in die immer dschungelartiger erscheinende Wildnis offenzuhalten: dann und wann einige Treppenstufen, hier eine kleine Holzbrücke über einen Nebenbach, dort einige Planken durchs Hangried. Die Route gewinnt an Höhe, durchquert den Güttenboden (wo verlassene Weiden nun von Buschwerk überwuchert werden) und gelangt zum Rorzopf, wo sich der Blick talauswärts gegen den Titlis im Osten und den Giswilerstock im Süden öffnet. Wie still es hier ist! Nur das Summen der Insekten und fernes Bachgeplätscher ist zu hören.

Wenige Touristen, viele Ameisen … besser in ihrer Burg aus Tannennadeln statt auf dem Butterbrot.

Nun wird, obwohl auf der Karte noch ein Pfad eingezeichnet ist, die Gegend zusehends unwegsamer, ruppiger. Es kommen kaum noch Leute in diese Einsamkeit – der Weg zerfällt, ist an steilen Stellen von Regenfluten weggetragen worden, niemand kümmert sich um eine Wiederherstellung. Auf diese Weise schafft sich die Natur ihr eigenes Reservat.
So wird es Zeit, auf gleichem Weg zurückzugehen. Vom Versuch, in weitem Bogen durch den Hirzenbadwald östlich des Gibsgrabens zur Mörlialp zu gelangen, sei abgeraten. Diese Route würde weglos durch Steilgelände und exponiert durch Rutschhänge über dem Glaubenbieletal führen; ein Misstritt hätte verhängnisvolle Folgen. Wir erinnern uns an das, was auf dem Zuckerpäckchen, das im Restaurant Mörlialp zum Kaffee gereicht wurde, stand. Goethes Zitat passt ausgezeichnet zu unserer Lage: «Die Natur versteht gar keinen Spass, sie ist immer wahr, immer ernst, immer strenge; sie hat immer recht und die Fehler und Irrtümer sind immer die des Menschen.»

Glaubenbielen

Eisenhut, Zittergras, Fettblatt

Das Zurückwandern auf gleichem Weg muss keineswegs langweilig sein. Erstens erlebt man die Landschaft unter ganz anderem Blickwinkel, und zweitens kann man – da der Routenverlauf ja bekannt ist – die Aufmerksamkeit nun besser auf die vielen kleinen Naturwunder ringsum richten. Wie manches Detail hat man doch auf dem Hinweg übersehen: ein Vorkommen von Blauem Eisenhut (geschützt, giftig), etliche Exemplare des fleischfressenden, d.h. auf Insektenfang spezialisierten Alpen-Fettblatts beim Verdauen gefangener Insekten (es heisst auch Alpen-Fettkraut, geschützt), Zittergras und Knöteriche, Libellen, Schmetterlinge, ein flinkes Fröschlein auf der Flucht... Jetzt, da die Mittagssonne ihre Kraft entfaltet, setzt die Wärme balsamische Düfte frei. Hier könnte man stundenlang verweilen – falls man, was gar nicht so einfach ist, ein zugleich trockenes, schattiges, aussichtsreiches und insektenfreies Plätzchen gefunden hat.

Gutes Schuhwerk, so viel dürfte inzwischen klar geworden sein, ist in solchem Flyschgelände unbedingt erforderlich. Wenn wir wieder auf dem Fahrsträsschen zur Mörlialp stehen, sind nicht nur unsere Augen, sondern auch unsere Füsse um einige Erfahrungen reicher. Auf nur wenigen Kilometern mussten sie sich an ganz unterschiedliche Bodenverhältnisse anpassen: an einen steten Wechsel von auf und ab, hart und weich, Stein und Sumpf, rutschig und stabil. Von allen Wanderungen in diesem Buch zählt die Glaubenbielen-Tour vom Gelände her zu den anspruchsvollsten – und vom Naturerlebnis her zu den schönsten!

Informationen

Route	Mörlialp an der Ostflanke des Glaubenbielenpasses – Rinderalp – Glaubenbielental – Güttenboden – Rorzopf – auf gleichem Weg zurück zur Mörlialp.
Anreise	Zwei Wege führen auf die Mörlialp. Erstens von der Bahnstation Schüpfheim der SBB-Linie Luzern – Bern mit dem Postauto via Sörenberg (umsteigen) über den Glaubenbielenpass. Zweitens vom Bahnhof Giswil der SBB-Brüniglinie Luzern – Interlaken mit dem Postauto Richtung Glaubenbielen – Sörenberg.
Rückreise	Siehe Anreise.
Wanderzeit	3–4 Stunden.
Variante	Anschlusswanderung von der Mörlialp in östlicher Richtung talwärts nach Giswil, zusätzliche 2–3 Wegstunden, Landeskarte 1:25 000, Blatt 1190 «Melchtal».
Karten	Landeskarte der Schweiz 1:25 000, Blatt 1189 «Sörenberg».
Gaststätte	Mörlialp.
Jahreszeit	Zweite Juni- bis in die zweite Septemberhälfte.
Besonderes	Nach Regenfällen ist von dieser Wanderung abzuraten. Gutes Schuhwerk nötig.
Internetlink	www.obwalden-tourismus.ch

16 ENTLEBUCH

- ROMOOS – CHILENEGG – TÜELEN – ADLISBERG – SCHWÄNDI – GOLDBACH – LÄNGGRAT – BREITNÄBIT – ÄNZILEGI – NAPF – METTLENALP – FRANKHAUS

Das schönste Buch der Welt

Durchs Entlebuch auf den Napf

Goldführende Bergbäche

Ein kurzweiliger Anstieg führt vom Bauerndorf Romoos im luzernischen Entlebuch über aussichtsreiche Eggen und durch Waldschluchten hinauf zum Napf. Dieser Berg, mit seinen 1408 m ü. M. die höchste Erhebung hier am Alpenrand, trägt ein Gipfel-Gasthaus. Ausserdem verläuft die luzernisch-bernische Kantonsgrenze über den «Hoger», wie ihn die Einheimischen nennen. Der Abstieg erfolgt dann auf die bernische Südseite in den Fankhausgraben Richtung Trub.

Wolhusen liegt an der Kleinen Emme, 25 Kilometer westlich von Luzern. Beim Bahnhof fährt das Postauto nach Romoos ab, dem Ausgangspunkt unserer Wanderung. Die knapp halbstündige Fahrt im gelben Wagen bringt uns in eine andere Welt. Romoos liegt abseits von jedem Durchgangsverkehr auf einem Geländesporn zwischen zwei Flüsschen, die das Napfbergland entwässern: der Grossen Fontannen und der Kleinen Fontannen. Unter Kennern zählen die beiden munteren Gewässer zu den ergiebigsten Goldlieferanten der Schweiz. Dennoch ist Romoos, wie das ganze Entlebuch, nie zu Reichtum gelangt. Auf hartem Nagelfluhgestein kann sich nur eine karge Ackerkrume bilden, und die Steilheit des Geländes setzt rationeller Bewirtschaftung enge Grenzen.

Kinder als einziger Reichtum

Die Bevölkerungsstatistik dokumentiert denn auch eine starke Abwanderung. Lebten um 1850 etwas mehr als 1600 Personen in der Gemeinde Romoos, sind es heute nur noch etwa 800. Kaum eine andere Gemeinde der Alpennordseite musste einen derartigen Aderlass hinnehmen.

Das Leben am Napf vor der Jahrhundertwende war ausgesprochen karg. Man ernährte sich von dem wenigen, das der Boden hergab.

Kinderreiche Familien blieben die Regel. War der Nachwuchs gross geworden, musste er häufig in der Fremde ein Auskommen suchen, hauptsächlich in den aufstrebenden Industrien des Unterlandes. Heute hält sich die Abwanderung in Grenzen. Die meisten Höfe sind nicht mehr, wie noch vor wenigen Jahren, durch halsbrecherische Privatseilbahnen mit der Aussenwelt verbunden, sondern durch neu erstellte Flursträsschen. Einige davon dienen auch als Wanderwege.

Das Dorf Romoos mit seiner Kirche, dem Gasthaus und einigen Wohngebäuden ist das Zentrum der weitläufigen Gemeinde, in der die Einzelhöfe dominieren. Zuerst wendet sich der Wanderweg zum Napf gegen Südwesten. Hinter der Chilenegg, einem stattlichen Gehöft über dem Dorf, tauchen wir ein erstes Mal in den Wald ein. Noch mehrmals am Tag werden wir diesen Wechsel von offenem Gelände und dichtem Tannenforst erleben können, denn fast 60 Prozent der Gemeindefläche sind mit Wald bestanden.

Einzelhöfe auf aussichtsreichen Eggen gehören zum Landschaftsbild im luzernischen Entlebuch.

Als vor 1200 Jahren die ersten Siedler im östlichen Napfbergland Fuss fassten, mussten sie durch Rodungen Raum für ihre Wohnstätten und Felder schaffen. Romoos selbst wird im Jahr 1184 erstmals urkundlich erwähnt. Im Wappen reckt sich ein Bär – offenbar war Meister Petz früher hier heimisch. Neben den Wandernden werden auch die Gemsen am Napf recht froh darüber sein, dass die Bärenzeit der Vergangenheit angehört. Als einzige Feinde müssen die Gemsen ihrer Jungtiere wegen die Adler fürchten, welche über dem Massiv kreisen. Diese holen sich, da Murmeltiere fehlen, gelegentlich auch mal eine streunende Bauernkatze.

Centovalli des Kantons Luzern

Von der Chilenegg geht es durch den Tüelenwald weiter nach Tüelen und dann nach Adlisberg. Chrummatt und Hängelen heissen die nächsten Höfe, an denen wir vorbeiwandern, bevor bei Schwändi unser Waldsträsschen in die Schlucht des Goldbachs hinuntertaucht.

Der Goldbach mündet in den Seelibach und dieser in die Grosse Fontannen, welche ihrerseits ein Nebenflüsschen der Kleinen Emme ist. Auf diese Weise stanzt das weitverzweigte Gewässernetz ein Mosaik von Geländerippen aus der Landschaft.

Das abwechslungsreiche Relief lässt unterwegs keine Langeweile aufkommen, und gerne nehmen wir ab und zu einen Abstieg – wie eben jetzt zum Grund der Goldbachschlucht – oder eine Steigung in Kauf. Für die Einheimischen ist diese Geländebeschaffenheit freilich weniger angenehm, und der Romooser Pfarrer Schnyder klagte 1781, seine Pfarrei sei so bergig, dass sich kaum ein ebenes Plätzchen darin finden lasse. Aber, so tröstete er seine Schäfchen in bestem Kirchenlatein: Labor omnia vincit improbus – unermüdliche Arbeit überwindet alle Hindernisse.

Oft genug machen Launen der Natur manche Früchte harter Arbeit zunichte. Das Napfgebiet, seiner vielen Täler wegen auch «Centovalli des Kantons Luzern» genannt, wird besonders häufig von verheerenden Hagelwettern heimgesucht. Schuld daran, so versichern Meteo-

Schluchten im – goldhaltigen – Nagelfluhgestein gewähren Einblicke in den Untergrund des Napfberglandes.

Entlebuch

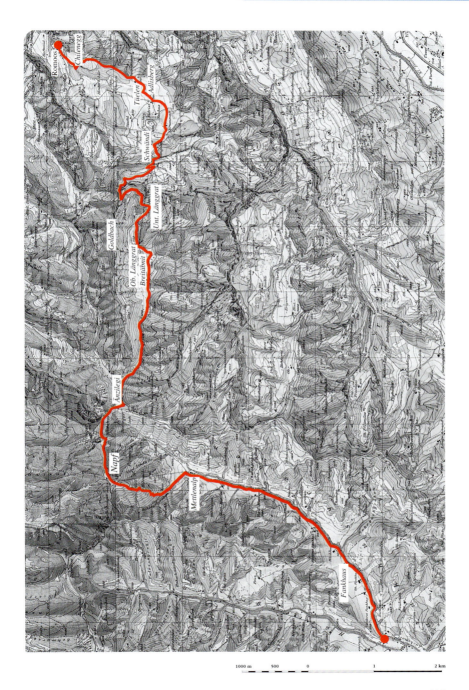

rologen, sei die Staulage am Alpenrand. Mit Hagelraketen und Gebeten zum Schutzheiligen Wendelin versuchen die Bauern das ärgste Unheil abzuwenden. Sie sind froh, wenn es nur tüchtig regnet, statt zu hageln. Immerhin verursacht auch dieses kleinere Übel bei 1700 Millimeter Jahresniederschlag (fast das Doppelte dessen, was im Mittelland den Boden tränkt) häufig Wasserschäden und Erdrutsche.

Goldwaschen als Beruf

Am Goldbach treffen wir vielleicht einige Goldwäscher an. Fleissig schaufeln sie Sand in ihre Waschpfannen, lassen Wasser hineinfliessen und versetzen dann das Gefäss in kreisförmige Bewegung. Beim Schwenken schwappt immer wieder ein Schwall über den Rand und reisst dabei den leichten Sand mit, während das schwerere Gold am Grund der Pfanne liegen bleibt. Goldwaschen ist also kein Reinigungsprozess, sondern ein Trennvorgang zum Gewinnen des Edelmetalls.
Als noch berufsmässige Golder – so nannte man die bis ums Jahr 1900 tätigen einheimischen Goldwäscher – jeden Tag im kalten Wasser standen, taten sie dies, um ihre vielköpfigen Familien zu ernähren. Freilich blieb die Ausbeute bescheiden, denn die Goldflitterchen sind winzig klein. Es braucht mehrere Dutzend Flitterchen, bis ein einziges Gramm des Edelmetalls zusammengetragen ist. Das grösste bisher entdeckte Korn war 22 Millimeter lang und drei Gramm schwer – leider eine seltene Ausnahme. Die Jahresausbeute eines Berufsgoldwäschers wird auf etwa 100 Gramm geschätzt.
Aus der Goldbachschlucht steigen wir zum unbewaldeten Bergkamm mit den Anwesen Unter Länggrat und Breitäbnit hinauf. Nun nähern wir uns der 1200-Meter-Höhenmarke und damit der Alpwirtschaftszone. Noch im 18. Jahrhundert war das ganze Gebiet bis hinauf zum Napfgipfel ganzjährig besiedelt. Mit schwindender Bevölkerungszahl wurden dann die obersten Güter nur noch während des Sommers genutzt.
Welches das schönste Buch der Welt sei, pflegt ein Scherzwort zu fragen – und gibt gleich selbst die Antwort: das Entlebuch. Gerne schliessen wir uns dem an und hoffen, der blaue Himmel spanne sich bis zum Ende der Wanderung über Eggen und Gräben. Das ganze Napfbergland figuriert im Bundesinventar der Landschaften und Naturdenkmäler von nationaler Bedeutung (BLN), wobei einer der Gründe für die Unterschutzstellung das «abwechslungsreiche Wandergebiet mit Aussichtspunkten» ist.

Entlebuch

Die wilde Jägerin

Bei schlechtem Wetter allerdings kann das Bergland recht unheimliche Züge annehmen, und eine Vielzahl von Sagen haben denn auch die Naturgewalten zum Thema. Da vermeint man etwa im Sausen des Sturmwinds die Stimme der wilden Jägerin Strägglen zu vernehmen. Das Mädchen, so erzählt man sich, sei am Sonntag lieber auf die Pirsch statt in die Kirche gegangen und müsse nun ewig für diesen Frevel büssen.

Bei der Änzilegi auf 1347 m ü. M. stossen wir auf einen Hauptkamm, der vom Napf gegen Osten abfällt und gleichzeitig die luzernisch-bernische Kantonsgrenze bildet. Nun benötigen wir nur noch eine halbe Stunde in westlicher Richtung bis zum Gipfel.

Zum Gipfel? Eigentlich nicht, denn der Napf läuft ja weniger in eine Spitze aus, sondern ähnelt eher – wie schon der Bergname andeutet – einem umgestülpten Gefäss mit flachem Boden. Das Plateau auf gut 1400 Meter Höhe trägt ein eisernes Vermessungsdreieck (Triangulationspunkt der Landestopographie), eine ausladende Picknickwiese, eine Terrasse mit Fernrohr zum Bewundern der tatsächlich sehenswerten Aussicht und schliesslich das Gasthaus.

Pittoresker Sonnenuntergang auf dem Napf.

Wie praktisch, könnte man jetzt die Luftseilbahn hinunter zur Mettlenalp benutzen. Allerdings steht das Bähnchen nur für den Warentransport zur Verfügung. Das hat auch seine guten Seiten. Auf den Napf mit seinem Pflanzenschutzgebiet gelangt nur, wer einige Anstrengungen auf sich nimmt. Der Rundblick über das Mittelland bis hin zum Jura und auf der anderen Seite zur Alpenkette wiegt die paar Tropfen Schweiss auf.

Zum Abstieg in den Fankhausgraben Richtung Trub stehen zwei Wege zur Auswahl. Steil geht es auf schmalem Pfad durch den Wald in südlicher Richtung direkt hinunter zur Mettlenalp auf 1051 m ü. M. Wer es lieber gemütlich nimmt, wählt das Strässchen mit seinem weit gegen Osten ausholenden Bogen. Von der Mettlenalp ist es noch eine Stunde bis zur Station Fankhaus/Trub des Autobusses nach Langnau.

Informationen

Route	Romoos – Chilenegg – Tüelen – Adlisberg – Schwändi – Goldbach – Unter Länggrat – Ober Länggrat – Breitäbnit – Änzilegi – Napf – Mettlenalp – Fankhaus/Trub.
Anreise	Wolhusen liegt an den Bahnlinien Luzern – Langnau – Bern und Langenthal – Huttwil – Wolhusen. Von hier mit dem Postauto nach Romoos.
Rückreise	Ab Fankhaus/Trub mit dem Autobus nach Langnau an der Bahnlinie Luzern – Langnau – Bern.
Wanderzeit	6 Stunden mit 700 Meter Steigung und 600 Meter Gefälle.
Karten	Landeskarte der Schweiz 1:25 000, Blätter 1149 «Wolhusen», 1169 «Schüpfheim» und 1168 «Langnau i.E.».
Gaststätte	Romoos, Napf, Trub.
Jahreszeit	Später Frühling bis Spätherbst.
Besonderes	Die lange Wanderung zweitägig anlegen und im Berggasthaus auf dem Napf übernachten (prächtiger Sonnenuntergang).
Internetlink	www.biosphaere.ch

17 KANTONS-DREIECK AG/ZG/ZH

• Mühlau – Reussbrücke – Reservat Reussspitz – Islikon – Cham

Natur im Kantonsdreieck AG/ZG/ZH

Wo die Lorze in die Reuss mündet

Auf dem Hochwasserdamm

Das schweizerische Mittelland ist dicht besiedelt und von stark befahrenen Verkehrsadern durchzogen. Es ist gar nicht so einfach, hier Oasen zu finden, wo die Natur noch intakt geblieben ist. Ein solches kleines Paradies findet sich im spitzen Geländewinkel, der durch die Einmündung des Flüsschens Lorze in die Reuss gebildet wird. Dieses Naturreservat Reussspitz liegt im äussersten Nordwesten des Zugerlandes und grenzt an die Kantone Aargau und Zürich.

Unsere Wanderung beginnt im aargauischen Mühlau. Von der kleinen Zughaltestelle aus hat man einen prächtigen Blick über das Reusstal und die Kette des Alpennordrands zwischen Tödi und Pilatus. Der Abstieg ins Dorf mit seinen 60 Meter Gefälle ist der einzige nennenswerte Höhenunterschied dieses Tages, der fortan stets in der Nähe von Fliessgewässern verlaufen wird.

Nach dem Überqueren der Reussbrücke bei Mühlau – nun sind wir schon auf Zuger Territorium – verläuft der Weg auf dem Hochwasserdamm nach Norden, also in Fliessrichtung. Trotz dieses Eingriffes in den natürlichen Wasserlauf (vor dem Dammbau im 19. Jahrhundert hatte die noch ungezähmte Reuss durch ihre Überschwemmungen immer wieder schwere Schäden angerichtet) handelt es sich hier, wie das BLN-Inventar rühmt, um «eine der vielfältigsten und besterhaltenen Flusslandschaften im schweizerischen Mittelland».

Kiebitz, Brachvogel, Bekassine

Der halbstündige Marsch auf dem Hochwasserdamm bis zum Naturschutzgebiet Reussspitz ist durchaus abwechslungsreich. Links begleitet uns der eilige Fluss in weiten Schleifen, rechter Hand geht das Kulturland nach und nach in Wildnis über: von den Reussweiden über die Maschwander Allmend bis zum Sumpfgebiet am Unterlauf der Lorze, welche hier in die Reuss mündet.

Kantonsdreieck AG/ZG/ZH

Feuchtwiesen mit Weidenbäumen bilden Biotope für Vögel, Amphibien, Reptilien und kleine Säugetiere.

Beim Zusammenfluss ist ein Vergleich der beiden ungleichen Schwestern bezüglich Farbe, Fliessgeschwindigkeit und Temperatur ganz interessant: Die Lorze ist dunkler, langsamer und auch wärmer (was für ein allfälliges späteres Bad ausserhalb des Naturschutzgebietes dankbar vorgemerkt werden mag). Dass am Reussspitz im einstigen Feuchtgebiet nun Fichten wachsen, mögen schattensuchende Picknickende durchaus schätzen. Naturkundigen verrät das Vorkommen der Nadelbäume freilich ein Absinken des Grundwasserspiegels, wodurch die Sumpfvegetation nach und nach durch eine eher an Trockenheit angepasste Flora verdrängt wird. Allerdings gibt es längs des Lorzeufers, wo kein Hochwasserdamm verläuft, noch ausgedehnte Flachmoorgebiete. Hier leben, wie Ornithologen gezählt haben, nicht weniger als 86 Vogelarten, von der Amsel bis zum Zwergtaucher.

Neben der besonders reichen Vogelwelt haben sich auch zahlreiche weitere Tiere im spitzwinkligen Schutzgebiet zwischen Reuss und

Der Lorze entlang führt der Wanderweg durch das Grenzland der Kantone Zürich und Zug.

Lorze eine Heimat bewahren können: 17 Säugerarten (vom Eichhörnchen bis zur Wasserspitzmaus), acht Amphibien (vom Alpenmolch bis zum Wasserfrosch), drei Reptilien (Blindschleiche, Ringelnatter, Zauneidechse) und – in den beiden Flüssen – sieben Fische (von der Äsche bis zur Schleie).

Wo die Sibirische Schwertlilie wächst

Bemerkenswert ist auch eine Pflanzenvielfalt, die anderswo im Mittelland durch intensive Bodennutzung weitgehend verschwunden ist. Hier auf unserem Rundgang im Reussspitz-Reservat können wir von markierten Wegen aus noch typische Feuchtbiotope wie artenreiche Pfeifengraswiesen, Kleinseggen- und Hochstaudenriede sehen…

Kantonsdreieck AG/ZG/ZH

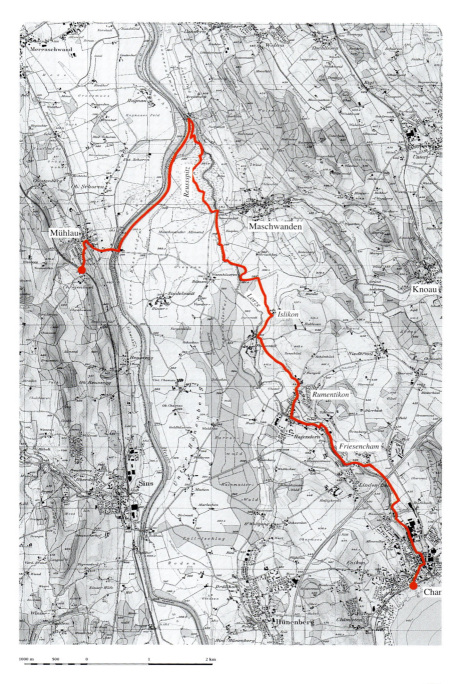

Sibirische Schwertlilie.

und mit etwas Glück die Sibirische Schwertlilie an ihrem letzten Standort in weitem Umkreis.

Nach Verlassen des Naturschutzgebietes führt der Weg in die Zivilisation zurück – und fortan der Lorze entlang in allgemein südlicher Richtung bis nach Cham. In der Nähe der Lorzebrücke bei Maschwanden erinnert eine Gedenktafel an Dr. med. Wolfgang Merz, 1901–1968, den Erforscher der Pflanzenwelt im Zugerland. Apropos Zugerland: Für kurze Zeit kehren wir nun diesem Kanton den Rücken, denn das östliche Lorzeufer bei Maschwanden gehört ziemlich genau einen Kilometer lang zum Kanton Zürich. Selbst wenn auf der Landeskarte kein Pfad eingetragen ist, kann man problemlos dem Gewässer mit seinen vielen Windungen folgen. Später bei Islikon und gegenüber dem Kloster Frauental – nun wieder auf zugerischem Territorium – führt der Weg streckenweise etwas vom Flüsschen weg, nähert sich dann dem Gewässer aber wieder und folgt ihm getreulich bis zum Ausfluss aus dem Zugersee in Cham.

Während der letzten Wanderstunde ab Rumentikon ändert sich die Landschaft und büsst Schritt um Schritt ihre Naturnähe ein: Einfamilienhausplantagen, Schnellstrassen, Fabrikanlagen – welch ein Kontrast zum kleinen Paradies am Reussspitz!

Informationen

Route	Mühlau – Reussbrücke – Reservat Reussspitz – Lorze-Ostufer über Islikon bis nach Cham, wo die Lorze dem Zugersee entspringt.
Anreise	Mühlau bei Muri AG ist Haltestelle der SBB-Linie Aarau – Lenzburg – Wohlen – Rotkreuz – Arth-Goldau.
Rückreise	Cham liegt an der SBB-Linie Zug – Rotkreuz – Luzern und ist mit Zug auch durch Autobusse verbunden.
Wanderzeit	5 Stunden fast ohne Höhenunterschiede.
Variante	Von Islikon gegen Osten nach Knonau an der SBB-Strecke Zug – Affoltern am Albis – Zürich. Zeitbedarf eine halbe Stunde weniger.
Karten	Landeskarte der Schweiz 1:25 000, Blätter 1110 «Hitzkirch», 1111 «Albis» und 1131 «Zug». Für die Variante Knonau ist Blatt 1131 nicht erforderlich.
Gaststätten	Mühlau, Maschwanden (wenig abseits der Route beim Reussspitz), Hagendorn, Cham.
Jahreszeit	Ganzjährig, besonders schön im Frühling.
Besonderes	Im Sommer Bademöglichkeiten (Lorze, Schwimmbad Maschwanden bei der Lorzebrücke, Zugersee). Vom Schwimmen in der reissenden Reuss ist hingegen abzuraten.
Internetlink	www.aargautourismus.ch

⑱ PLANETEN-WEG

- LAUFEN – UF SAL – WILER – LIESBERG

Ungewöhnliche Landschaft zu erkunden

Auf den Spuren des Weltalls im Laufental

Kleinstadt im Sog von Basel

Die harmonische Juraregion im einst bernischen und seit 1994 basellandschaftlichen Laufental bildet eine ideale Kulisse, um etwas über Astronomie und Weltraum zu erfahren. Ohne Probleme gelangen wir zwischen Laufen und der Station Liesberg von der Sonne zum Pluto, dem äussersten Planeten unseres Sonnensystems. Möglich macht es ein instruktiver Planetenweg, der ein verkleinertes Modell unseres Sonnensystems ins Gelände legt. Dieser Massstab von 1:1 Million erlaubt es, gleichzeitig mit einer reizvollen Landschaft in rund vier Stunden auch unseren Standort im Weltall kennenzulernen. Das Städtchen Laufen liegt im Tal der Birs und trägt seinen Namen wegen eines kleinen Wasserfalls, den das Flüsschen hier bildet. Es ist eine rührige Kleinstadt im Sog der grossen Agglomeration Basel. Rund um den alten Stadtkern hat sich in letzter Zeit ein Ring von Industrieanlagen und Neubauwohnungen gelegt.
Der Zeitbedarf für den Planetenweg bei Laufen ist auf offiziellen Wegmarkierungen mit dreieinhalb Stunden angegeben. Doch gönnen wir uns einen gemütlichen Tag und rechnen wir mit deren vier. Elf Stationen unseres Sonnensystems insgesamt gilt es unterwegs zu besuchen. Alle sind ausführlich beschriftet: die Sonne, ihre neun Planeten sowie der Erdenmond.

Zwei Sonnen am Himmel

Im Süden von Laufen zieht sich die Anmarschroute durch einen Hohlweg und erreicht dann mit leichter Steigung das offene Feld. «Uf Sal» heisst die Flur hier. Während wir dem nahen Waldrand zustreben, erblicken wir plötzlich eine zweite Sonne am Himmel. Auf einer Metallstange erhebt sich die gelbe Kugel von 1,4 Meter Durchmesser. So rasch wie auf dem Laufentaler Planetenweg werden wir nicht so bald wieder vorankommen. Hier entspricht jeder Millimeter einer

Entfernung von 1000 Kilometern; mit jedem Wanderschritt legen wir also – auf das Weltall umgerechnet – nicht weniger als 700 000 Kilometer zurück. Das ist die doppelte Strecke von der Erde bis zum Mond.

Bei diesem Tempo erstaunt es denn nicht, dass wir schon nach kurzer Zeit auf den ersten Planeten treffen. Er heisst Merkur und erhebt sich genau 58 Meter von der «Sonne» entfernt. Damit das winzige Kügelchen von fünf Millimeter Durchmesser nicht verlorengeht, haben es die Amateur-Astronomen in Kunststoff einbetten lassen. In Wirklichkeit ist der Merkur eine Hölle. Riesengross steht die Sonne an seinem Himmel und heizt

Beim Modell der Sonne bei Laufen beginnt der Planetenweg zur Bahnstation Liesberg.

das nackte Gestein auf 800 Grad auf. Kein Wunder, denkt da niemand an eine Expedition. Nicht viel wirtlicher präsentiert sich die Venus, unser Abendstern. Dieser von Romantikern verehrte Liebesplanet befindet sich keine Wanderminute vom Merkur entfernt und besitzt eine dichte Atmosphäre aus Kohlendioxid. Das Treibhaus sorgt für drückende 450 Wärmegrade Celsius. Ins Blickfeld rückt nun das Modell der Erde, ebenfalls ein zentimeterkleines Metallkügelchen, begleitet vom noch winzigeren Mond. Recht einsam treiben wir im Universum, von unseren Nachbarn durch beträchtliche Distanzen getrennt. Zum Mars, dem vierten Planeten, wären Astronauten rund ein Jahr lang unterwegs. Wir schaffen die Entfernung in wenigen Minuten und fragen uns dabei, ob der rote Wüstenplanet wohl Leben aufweist.

Wegkreuz im Jurawald

Nunmehr geht es, noch ein Weilchen ansteigend, durch schönen Jurawald. Ein Wegkreuz neben einer Holzhütte regt die Phantasie an. Ob es wohl zum Gedenken an einen Förster errichtet wurde?

Die blitzenden Metallkugeln von Jupiter und – mit einem Ring versehen – Saturn führen unsere Gedanken in den Weltraum zurück. Es handelt sich um die beiden grössten Planeten des Sonnensystems. Eindrücklich fallen denn auch ihre Modelle aus. Ein Kugelstösser hätte seine Freude daran.

Wenig Freude würden Jupiter und Saturn wohl den Astronauten bereiten. Beide Himmelskörper gelten zwar als hochinteressant (der Jupiter weist 14 Monde auf, der Saturn neben seinem Ring sogar 17), schrecken aber durch Tiefkühltemperaturen um minus 120 °C mögliche Expeditionen ab.

Inzwischen sind die Abstände zwischen den Planeten immer grösser geworden. Uranus als Nummer sieben liegt jenseits einer tief eingeschnittenen Waldschlucht, die sich von Bärschwil zur Birs hinunterzieht.

Landschaft wird wilder

Über den Rest der Route gibt es wenig zu berichten. In gemächlichem Wechsel von Wald und Feld, Berg und Tal nähern wir uns dem Tal der Birs, wobei die Landschaft im letzten Teil der Tour immer wilder, «jurahafter» wird. Bei der einstigen Bahnstation Liesberg, Endpunkt der Wanderung, halten heute keine Züge mehr. So bringt uns denn ein Postauto nach Laufen in die Zivilisation zurück.

Hinter uns liegt die Begegnung mit den beiden äussersten Planeten des Sonnensystems, Neptun und Pluto. Fast etwas verloren und in weitem Abstand voneinander stehen sie in der Gegend. Immerhin erhalten sie, das heisst ihre Modelle aus Edelstahl, von Zeit zu Zeit menschlichen Besuch. Die Himmelskörper im Original dagegen werden wohl noch lange unbehelligt ihre Bahnen ziehen.

Die Landschaft wird immer wie wilder...

Informationen

Route	Laufen – Uf Sal (Beginn des Planetenwegs) – Wiler – Bahnstation Liesberg.
Anreise	Mit den SBB (Strecke Basel – Delémont) nach Laufen, Hauptort des Laufentals.
Rückreise	Ab Station Liesberg im Tal der Birs – das Dorf Liesberg befindet sich in einiger Entfernung auf einer Jurahöhe – mit dem Postauto zurück nach Laufen.
Wanderzeit	4 Stunden mit je etwa 400 Meter Steigung und Gefälle, gut über die Distanz verteilt.
Variante	Die Tour kann auf halber Strecke bei Wiler abgebrochen werden. Von hier kurzer Abstieg ins Tal der Birs zum – heute nicht mehr bedienten – Bahnhof Bärschwil und Rückfahrt mit dem Postauto nach Laufen.
Karten	Landeskarte der Schweiz 1:25 000, Blätter 1087 «Passwang» und 1086 «Delémont».
Gaststätten	Laufen, Station Liesberg.
Jahreszeit	Ganzjährig.
Besonderes	Nördlich der Birs im Laufental befindet sich als weitere Naturlandschaft der Blauen-Bergzug.
Internetlink	www.uetliberg.ch

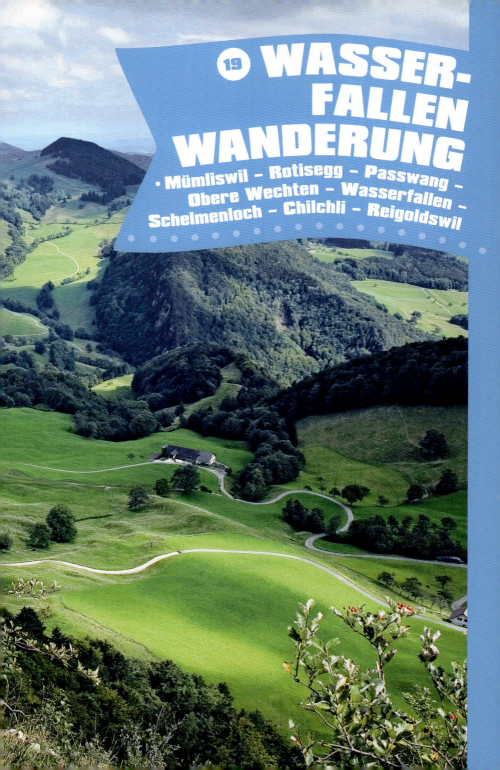

19 WASSER-FALLEN WANDERUNG

- Mümliswil – Rotisegg – Passwang – Obere Wechten – Wasserfallen – Schelmenloch – Chilchli – Reigoldswil

Wasserfallen-Wanderung im Jura...

... zwischen SO und BL

Der Hauenstein gewann

Im Mittelalter und noch bis in die Neuzeit hinein war der Wasserfallen-Pass an der Grenze von Solothurner und Baselbieter Jura ein vielbenutzer Übergang. Doch dann wurde es still um die 1000 Höhenmeter aufweisende Passage zwischen Mümliswil SO (556 m ü. M.) und Reigoldswil BL (509 m ü. M.). Das Rennen machte der Hauenstein etwas weiter im Osten mit seinen beiden Strassen (Oberer und Unterer Hauenstein) sowie den beiden Eisenbahntunneln. Die Wasserfallen bleibt seither den Wandernden vorbehalten. Sie führt von Süden nach Norden, oder umgekehrt, mitten durch das Landschaftsschutzgebiet Belchen-Passwang. Als Gründe für die Aufnahme ins BLN-Inventar sind angeführt: Typ Landschaft des östlichen Ketten-Juras, reich gegliederte Vegetation, reiche Wild- und Vogelbestände, weitgehend unberührte Kulturlandschaft des Hochjuras, beliebtes Wandergebiet.

Rochus hält Wacht

Der direkte Anstieg von Mümliswil führt durch den schluchtartigen Einschnitt des Limmerenbaches. Für unsere Standardroute wählen wir jedoch den Bogen nach Nordwesten hinauf gegen den Passwang, denn diese Strecke bietet einen besseren Einblick in die harmonisch gegliederte Landschaft – und einen besseren Ausblick bis hinüber zur Hochalpenkette. Zwischen dem Berggasthaus Obere Wechten und der Wasserfallen-Passhöhe führt der Weg durch eine Hohlform unter Kalkfelsen. Hier standen im Winter 1940/41, wie eine Inschrift verrät, Basler Füsiliere auf der Wacht. Die Soldaten sind längst abgezogen. Noch immer aber beschützt der heilige Rochus in seiner Kapelle knapp unterhalb der Kulmination die Wasserfallen-Wandernden.

Rochus sei einst über die Wasserfallen gezogen, hier verunfallt und von den Anwohnern gesund gepflegt worden, berichtet eine Legende.

Seither wurde der fromme Mann in der Gegend verehrt und besonders bei Pestzügen um Hilfe angerufen. Jenseits des Scheitelpunktes liegt die Bergstation der Gondelbahn Reigoldswil – Wasserfallen.

Galgenkrieg und Mörderhöhle

Dass die Kantonsgrenze nicht über die Passhöhe, sondern etwas weiter nördlich verläuft, ist eine Folge des Galgenkriegs am Ende des 15. Jahrhunderts. Damals stritten Solothurn und Basel um ihren Einfluss im abgelegenen Jura. Die Auseinandersetzung verlief verhältnismässig unblutig: Opfer der Aggression waren die Galgen als Zeichen der Gerichtsherrschaft, welche von der jeweiligen Gegenseite umgehauen wurden. Am Wasserfallen-Pass konnte schliesslich Solothurn sein Territorium auf Kosten der Basler nach Norden ausdehnen; am Oberen Hauenstein hingegen, bei Langenbruck, setzten sich die Basler auf der von Solothurn beanspruchten Südseite des Überganges fest.

Auf dem Weg zur Wasserfallen-Passhöhe.

Der Wasserfall, nach dem unsere Passage den Namen trägt, liegt etwas weiter abwärts im schattigen Wald, wo von Osten her ein Bach über Kalkfelsen stürzt. Seit dessen Quelle allerdings gefasst ist, hat das Naturschauspiel an Grandiosität verloren.

Ebenfalls nicht mehr der Bedeutung ihres Namens entsprechen – diesmal zum Glück – das nahe Schelmenloch und der von rechts her einmündende Bärengraben. Vom Schelmenloch berichtet eine Chronik des 17. Jahrhunderts: «War ein böser Mörder und dessen zwölf Gesellen, haben sich auf der Wasserfallen eine gute Zeit lang in einer Höli auffenthalten und vil Personen ermördet» – bis man die Verbrecher fasste und in Solothurn hinrichtete. Und was den Bärengraben angeht: In dieser Waldschlucht wurde 1813 der letzte Bär der Region erlegt.

Tunnel blieb stecken

Beim Weiler Chilchli kurz vor Reigoldswil steht die Talstation der Wasserfallen-Gondelbahn. Etwas weiter findet sich am Fuss des Hangs der Ansatz zu einem Eisenbahntunnel fernab jeder Schiene oder Bahnstation. Hier wurde 1874 mit dem Bau des Wasserfallentunnels begonnen, der Basel via Liestal – Reigoldswil – Mümliswil – Balsthal – Oensingen und Langenthal mit der Innerschweiz und dem Gotthard hätte verbinden sollen. Doch den Initianten ging das Geld aus, und die Hauensteinlinie Liestal – Sissach – Olten gelangte zur Ausführung. In der Folge brachte die Bahn jener Region einen wirtschaftlichen Aufschwung, während das Tal von Reigoldswil im Dornröschenschlummer verharrte... zum Nachteil des Gewerbes, durchaus aber zum Vorteil von Natur und Landschaft.

Informationen

Route	Mümliswil – Rotisegg (Bergwald) – Ober Passwang – Obere Wechten – Hintere Wasserfallen – Vordere Wasserfallen – Schelmenloch – Chilchli – Reigoldswil.
Anreise	Auf der SBB-Jurafusslinie nach Oensingen zwischen Olten und Solothurn, von dort nach Balstahl. Dann mit dem Passwang-Postauto bis Mümliswil.
Rückreise	Ab Reigoldswil mit dem Autobus nach Liestal oder Basel (Bahnlinie Basel – Liestal – Olten).
Wanderzeit	5 Stunden mit je etwa 500 Meter Steigung und Gefälle.
Variante	Erstes Teilstück Mümliswil – Wasserfallen direkt dem Limmerenbach entlang. Steiler, romantischer, etwas kürzer, aber weniger Aussicht.
Karten	Landeskarte der Schweiz 1:25 000, Blatt 1087 «Passwang».
Gaststätten	Mümliswil, Obere Wechten, Wasserfallen, Reigoldswil.
Jahreszeit	Frühling bis Herbst. Wenn kein Schnee, auch im Winter (Vorsicht wegen vereister Stellen).
Besonderes	Weitere Wanderung durch das Passwang-Landschaftsschutzgebiet.
Internetlink	www.region-wasserfallen.ch

20 SCHLUCHT DES DOUBS

- GOUMOIS (JU/F) – LE THEUSSERET – CHEZ LE BOLE – BURGRUINE SPIEGELBERG – LES COMBES – LE NOIRMONT

Forellen im Wasser, Luchse im Wald

Die Schlucht des Doubs bei Goumois

Polen an der Landesgrenze

Der Doubs ist ein seltsamer Fluss: Quelle und Mündung (er fliesst in die Saône und gelangt dann mit der Rhone ins Mittelmeer) liegen in der Luftlinie bloss 86 Kilometer auseinander – doch der Flusslauf selber misst volle 430 Kilometer. Diese seltsame Geometrie kommt durch die unzähligen Windungen des Gewässers zustande, das im Jura auf weite Strecken die Grenze der Schweiz zu Frankreich markiert. Ein solcher Grenzort ist auch Goumois, wo unsere Wanderung beginnt.

Erste Überraschung an der Brücke: Hier verläuft die Grenzlinie nicht, wie sonst allgemein üblich, in der Mitte des Flusses, sondern längs des (schweizerischen) Ostufers. Der Doubs selber ist also ein rein französisches Gewässer, was die Restaurants auf eidgenössischem Territorium freilich nicht daran hindert, als Spezialitäten (zollfrei) frischgefangene Forellen und Hechte zu offerieren.

Noch ein kurzer Abstecher in den westlichen Teil des Doppeldorfes. Goumois/France hat sich dem ländlich-beschaulichen Individualtourismus und der Ausflugsgastronomie verschrieben (mit Landesprodukten wie Schinken, Honig, Morcheln und natürlich Forellen). An der Kirche erinnert eine Gedenktafel an den 18./19. Mai 1940, als sich ein Teil der im Zweiten Weltkrieg mit der französischen Armee gegen die Deutschen kämpfenden polnischen Truppen in die Schweiz rettete. Drüben auf Schweizer Boden wurden die Polen, wie eine weitere Tafel am Zollhaus erkennen lässt, durch die Grenzfüsilierkompanie 1/222 empfangen und interniert.

Bären ja – aber Affen?

Vergangene Zeiten, zum Glück. In einem friedlich gewordenen Mitteleuropa stehen keine Soldaten mehr auf Grenzwacht, und die letzten Zollbeamten im einsamen Tal des Doubs dürften sich etwas überflüssig vorkommen. Längs des Flusses verlaufen auf beiden

Schlucht des Doubs

Seiten Wanderwege: In Frankreich ist es der Weitwanderweg (Grande Randonnée) GR 5 bis zum Mittelmeer, in der Schweiz die achtstündige Uferroute Biaufond (Postautoverbindung mit La Chaux-de-Fonds) – Goumois – Soubey (Postautoverbindung mit Saint-Ursanne).

Beim Studium der Landkarte fällt der Name «Rocher du Singe» – Affenfelsen – über Goumois/Suisse auf. Dass die urwaldartige Wildnis der kaum je betretenen Wälder in den Steilhängen allerhand Tiere beherbergt, leuchtet ja ein. Aber Affen? Die Bezeichnung, erläutert ein Einheimischer, lasse sich durch die seltsame Felsform erklären, die an einen Affen erinnere. Aber für wilde Tiere sei die Gegend tatsächlich ideal; es gebe Luchse und Wildkatzen, und der letzte Bär sei erst vor etwa hundert Jahren geschossen worden.

Im Tal des Doubs oberhalb von Goumois: Schwellen stauen den Fluss zum stillen Gewässer.

Die dünnbesiedelte Grenzregion des Kantons Jura ist ein ideales Rückzugsgebiet für Luchse. Das Vorkommen der längere Zeit für ausgestorben gehaltenen Wildkatze überrascht etwas. Die Fachleute halten die Revierstandorte der seltenen Tiere aus Sicherheitsgründen geheim – wobei sowohl Luchs als auch Wildkatze den Menschen zu fürchten haben, nicht umgekehrt! Unsere Wanderung, deren erste Etappe flussaufwärts bis zum Restaurant von Le Theusseret führt, können wir also unbesorgt antreten, aber ohne grosse Chance, eines der scheuen Raubtiere zu Gesicht zu bekommen.

Stromschnellen als Paddelparadies

Halten wir uns also an andere Natursehenswürdigkeiten, von denen es im Schutzgebiet «Réserve naturelle Vallée du Doubs» genügend gibt. Neben dem strikten Naturschutz steht das ganze Doubstal auf Schweizer Seite auch unter Landschaftsschutz mit der Begründung: «Über grosse Strecken unveränderte Naturufer mit Inseln und Mäandern (Flussschleifen). Sumpfwiesen, Schluchtwälder und Felsfluren mit bemerkenswerter Flora.»

Bald nach Goumois, wo im Winter einen Monat lang die Sonne nicht mehr hinreicht, wird das enge Tal zur Schlucht, das Fahrsträsschen zum Schotterweg. Felsbänder aus hellem Jurakalk ziehen sich durch den Steilwald und reichen stellenweise bis ans Wasser. An solchen Orten bilden sich Stromschnellen, wie sie von Paddlern so geschätzt werden. Immer wieder begegnen wir Booten mit hektisch rudernder Besatzung; eine beliebte Einstiegsstelle befindet sich bei einem kleinen Kraftwerk wenig flussabwärts von Le Theusseret.

Auch Le Theusseret selber verdankt seine Existenz der Wasserkraftnutzung. Das zweihundertjährige Gebäude war zuerst eine Mühle, dann eine Säge. Heute ist darin ein Restaurant untergebracht; Spezialitäten sind – was wohl sonst? – «truites» (Forellen) und «brochets» (Hechte). Von der Terrasse hat man einen hübschen Ausblick auf den Wasserfall: In voller Breite stürzt der Doubs über die Schwelle, mit der einst der Mühleteich gestaut worden war. Die Doubs-Forellen sind übrigens nicht nur eine kulinarische, sondern auch eine zoologische Spezialität, unterscheiden sie sich doch durch golden schimmernde Schuppen und vier dunkle Streifen von den gewöhnlichen Bachforellen mit ihren roten Punkten.

Kalkfelsen im Steilwald säumen den Aufstieg zur Burgruine Spiegelberg bei Le Noirmont.

Schlucht des Doubs

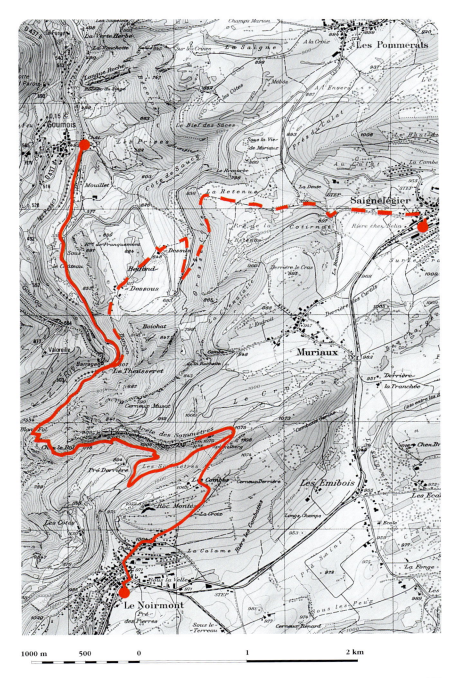

Wenig Burg, viel Aussicht

Obwohl das Zwischenziel Le Theusseret nur auf 507 m ü. M. liegt, macht die Gegend wegen ihres schluchtartig-wilden Aussehens doch einen recht gebirgigen Eindruck. Dieser ist in der Folge während des Aufstieges für Kreislauf und Knochen durchaus zu spüren: Der – markierte – Weg nach Le Noirmont ist steil, schmal und feucht (im untersten Teil durchquert er ein Quelltuffvorkommen). Eine Höhendifferenz von fast 600 Metern beansprucht Lungen wie Gelenke, bis der weit übers Land leuchtende Felskamm «Arête des Somêtres» erreicht ist. Auf exponiertem Grat stand bis zu ihrer Zerstörung durch die Schweden im Dreissigjährigen Krieg (1618–1648) die Burg Spiegelberg. An Ruinen ist kaum noch etwas auszumachen, die Aussicht hinunter in die Doubs-Schlucht und gegen Westen tief nach Frankreich hinein ist dafür um so eindrücklicher.
Beim Gehöft Les Combes auf 1069 m ü. M. führt der Wanderweg aus dem schattigen Wald, und nun öffnet sich der Blick in die entgegengesetzte Richtung: Über die Hochebene der Freiberge reicht er, bei klarem Wetter, bis zu den Alpen. Hier oben muss das Klima besonders gesund sein, steht doch am Waldrand eine Rehabilitationsklinik für Herzkranke. An ihr vorbei erreichen wir unser Tagesziel, den Juraflecken Le Noirmont.

Schlucht des Doubs

Informationen

Route	Goumois JU – Goumois F – Ostufer des Doubs bis Le Theusseret – Aufstieg via Chez le Bole zum Felskamm mit der Burgruine Spiegelberg – Les Combes – Le Noirmont.
Anreise	Postautos fahren von Tramelan via Saignelégier hinunter nach Goumois. Tramelan wie auch Saignelégier sind mit den schmalspurigen Jurabahnen Chemins de fer du Jura (CJ) erreichbar).
Rückreise	Ab Le Noirmont mit den CJ nach Tramelan – Tavannes, La Chaux-de-Fonds oder Glovelier (SBB-Anschluss nach Delémont – Basel oder Biel).
Wanderzeit	4 Stunden mit 600 Meter Steigung und 100 Meter Gefälle.
Variante	Wer den Steilaufstieg über den schmalen Pfad scheut, kann von Le Theusseret aus auf bequemerem Weg über Belfond Dessous und La Retenue nach Saignelégier hochsteigen. Die Wanderzeit bleibt sich gleich.
Karten	Landeskarte der Schweiz 1:25 000, Blatt 1104 «Saignelégier».
Gaststätten	Goumois JU, Goumois F, Le Theusseret, Le Noirmont.
Jahreszeit	Frühling bis Spätherbst.
Besonderes	Identitäskarte mitnehmen.
Internetlink	www.juratourisme.ch

21 FREIBERGE
- SAIGNELÉGIER – ETANG DE LA GRUÈRE – TRAMELAN

Pferdeweiden, Wettertannen und ein...

...Feuchtbiotop mitten in den Freibergen

«Berge» mit viel Fläche

Die Freiberge (Franches Montagnes) sind ein wunderschönes Wandergebiet mit viel Freiraum zwischen weitausladenden Wettertannen und wenig Bergen. Bei dieser Landschaft handelt es sich nämlich um eine von sanften Geländewellen durchzogene Hochebene rund 1000 Meter über Meer. Anders als im Ketten- oder im Tafeljura werden wir also auf unserer gemütlichen Wanderung vom jurassischen Saignelégier ins bernische Tramelan nur wenig Höhenunterschied zu bewältigen haben. Und ein Tipp fürs nächste Mal: Wegen ihrer günstigen Topographie eignen sich die Freiberge zum Radwandern; Fahrräder kann man an den grösseren Bahnstationen mieten.

Saignelégier ist das regionale Zentrum der Freiberge, kein Dorf mehr, aber noch längst keine Stadt. Am Rand der Siedlung weiden Pferde, und schon bald führt der Wanderweg mitten durch die Natur. Bei aller Abwechslung im Kleinen – mal herrscht Wald vor, dann wieder öffnet sich Weideland – erscheint die Landschaft ziemlich monoton. Gerade das macht ihren Erholungseffekt aus: Weil die Sensationen fehlen, kann man sich am Detail freuen und im übrigen die Seele baumeln lassen.

Wassermangel und Winterkälte

Die Routenführung bereitet auch keine Probleme, denn der Weg zum Etang de la Gruère ist bestens markiert. Unterwegs fallen immer wieder die Jurahäuser auf, entweder einzeln oder in kleinen Gruppen stehend. Die weit nach unten gezogenen Dächer und die dicken Mauern verraten, dass es hier im Winter recht kalt wird: Minus 20 °C in Muldenlagen sind keine Seltenheit. Neben der Winterkälte ist der Wassermangel eine zweite Erschwernis im Dasein der Einheimischen. Zwar fehlt es nicht an Niederschlägen, doch Regen und Schmelzwasser versickern jeweils rasch im klüftigen Kalkuntergrund. So erstaunt es kaum, dass dieser rauhe Landstrich lange Zeit unbewohnt blieb. Erst im 14. Jahrhundert rief der damalige Gebietsherr, der Fürstbischof von Basel, Siedler in die Jurahochebene. Wer hier ein Stück Land rodete, durfte es für sich und seine Nachkommen behalten. Seither wandelte sich die einst dichtbewaldete Region zur Parklandschaft, wo Weideland, Baumgruppen und Waldparzellen in sanfter Harmonie wechseln. Die Siedlungsfreiheit der Freiberge zog auch Verfolgte an, hauptsächlich Täufer aus dem Emmental. Sie brachten die Pferdezucht zur Blüte und stellen noch heute eine namhafte Gruppe der Bevölkerung.

Fast wie in Skandinavien

Neben der Pferdezucht und dem Tourismus ist die Holzwirtschaft eine wichtige Erwerbsquelle der Freiberge. Immer wieder stösst man auf Sägereien. Einem solchen Sägebetrieb – und einer Linse wasserundurchlässigen Tongesteins im Untergrund – verdankt der Etang de la Gruère seine Existenz. Das Gewässer (Etang bedeutet Teich) auf halbem Weg zwischen Saignelégier und unserem Wanderziel Tramelan wäre wohl schon verlandet, würde nicht ein kleiner Damm den Wasserspiegel künstlich höher halten. Mit der Sperre wurde die Wasserkraft des Weihers zum Betrieb von Maschinen nutzbar gemacht. Indes fügt sich der bewachsene Erddamm ideal in die unter Naturschutz stehende Landschaft rund um das Feuchtbiotop ein. Der Abfluss versickert übrigens nach wenigen Metern in einem Felsschlund – Fliessgewässer haben in den Freibergen Seltenheitswert.

Der Etang de la Gruère und seine Ufer sind ein beliebtes Ausflugsziel. Wer je in Skandinavien war, fühlt sich durch die Atmosphäre an den Norden erinnert: das moorige Wasser des vielarmigen Teichs, der bei jedem Schritt federnde Boden, die Vegetation aus Zwergbirken, Sumpfföhren und beerentragenden Sträuchern.

Dicke Mauern und ausladende Dächer schützen diese Jurahäuser bei Saignelégier vor der Winterkälte.

Knüppelwege rund um den Etang de la Gruère schützen die trittempfindliche Ufervegetation.

Um die vor allem im Hochsommer beträchtlichen Besucherscharen zu kanalisieren, ist ein Naturlehrpfad angelegt worden, der sumpfige – und entsprechend trittempfindliche – Stellen mit Hilfe von Knüppelwegen passierbar macht. Auf diese Weise wird das unkontrollierte Herumstreifen in den sensiblen Regionen eingeschränkt. Überall weisen Schautafeln auf botanische wie zoologische Zusammenhänge hin. Wer auf dem Naturlehrpfad das Gewässer umrundet hat, weiss fortan über die einzelnen Phasen der Verlandung Bescheid. Trotz des Staudammes verliert der Etang de la Gruère nach und nach an Fläche, wozu auch die heissen Sommer der letzten Jahre beigetragen haben, und der Uferbereich trocknet aus, was den Rottannen das Vordringen auf Kosten feuchtigkeitsabhängiger Pflanzen ermöglicht.

Freiberge

Das Hochmoor – es speichert die abgestorbenen Pflanzenreste vieler Jahrhunderte.

Hochmoore als Indikatoren für Umweltsünden

Weil Hochmoore die abgestorbenen Pflanzenreste vieler Jahrhunderte speichern, eignen sie sich ausgezeichnet als Untersuchungsobjekte für die Umweltforschung. Im Torf am Etang de la Gruère wurde kürzlich die Entwicklung des Bleigehaltes in der Vegetation seit dem Altertum untersucht. Das aus menschlicher Tätigkeit in die Luft entweichende Blei verteilt sich in der Atmosphäre, setzt sich dann nach und nach in den Pflanzen fest und gelangt so in den Moorboden. Wie es sich zeigte, lassen sich sogar die Spuren bleiverarbeitender Schmelzöfen aus der Römerzeit im einsamen Jura-Feuchtgebiet nachweisen. Sehr deutlich ist die Einführung und der massive Verbrauch von Bleibenzin nach dem Zweiten Weltkrieg im Hochmoor festgehalten. Die jüngsten Schichten dokumentieren wieder eine Abnahme der Bleikonzentration: Erfreulicherweise werden Katalysatoren und «bleifreies Benzin» wirksam. Der zweite Teil der Wanderung unterscheidet sich landschaftlich wenig vom ersten. Mitten durch Weiden mit parkartig lockerem Baumbestand (oder ist es Wald mit zahllosen kleinen Lichtungen?) verläuft die jurassisch-bernische Kantonsgrenze. Zum Schluss senkt sich der Weg hinunter zur Uhrmachersiedlung Tramelan – wie Saignelégier nicht mehr Dorf und noch nicht Stadt. Tramelan liegt in einer Talsenke. Hier entspringt denn auch ein Fliessgewässer, der Bach La Trame, welcher ostwärts der jungen Birs entgegenströmt.

Freiberge

Informationen

Route	Saignelégier – Etang de la Gruère – Tramelan.
Anreise	Saignelégier ist erreichbar: ab Tavannes, mit Anschluss von Biel oder Moutier her, ab La Chaux-de-Fonds (mit Anschluss von Bern – Neuchâtel) oder auch ab Glovelier (mit Anschluss von Delémont).
Rückreise	Tramelan liegt an der CJ-Bahnlinie Saignelégier – Tavannes.
Wanderzeit	3–4 Stunden mit 150 Meter Steigung und 250 Meter Gefälle.
Variante	Ab Etang de la Gruère nicht nach Südosten Richtung Tramelan, sondern nordostwärts zur CJ-Bahnstation Pré-Petitjean der Linie Saignelégier – Glovelier. Knapp eine Stunde länger.
Karten	Landeskarte der Schweiz 1:25 000, Blätter 1104 «Saignelégier» und 1105 «Bellelay».
Gaststätten	Saignelégier, beim Etang de la Gruère, Tramelan.
Jahreszeit	Frühling bis Spätherbst.
Besonderes	Die Wanderung lässt sich beim Etang de la Gruère beenden, wo sich eine Haltestelle (La Theurre) der Buslinie Saignelégier – Tramelan befindet.
Internetlink	www.jurabernois.ch

22 BIELERSEE

• TWANN – TWANNBACH-SCHLUCHT – LIGERZ – LA NEUVEVILLE – PETERSINSEL – HEIDENWEG – ERLACH

Ein Tag am Bielersee

Reblehrpfad, Twannbach, Petersinsel, Heidenweg

Zwei schöne Landschaften

Eine Reihe recht unterschiedlicher Landschaften lässt sich an einem einzigen Tag am (und im) Bielersee kennenlernen: Natur und naturnahe Kultur in harmonischem Wechsel. Die Wanderung führt gleich durch zwei Gebiete aus dem Bundesinventar der Landschaften und Naturdenkmäler von nationaler Bedeutung (BLN): «Linkes Bielerseeufer» und «Sankt Petersinsel – Heidenweg». Über das Seeufergebiet steht im Inventar zu lesen: «Twannbachschlucht eine der schönsten Schluchten im Jura. Erratische Blöcke des Rhonegletschers als Zeugen der Eiszeit. Alte Kulturlandschaft mit zusammenhängenden Rebbergen und gut erhaltenen Winzerdörfern.» Zu Petersinsel und Heidenweg heisst es: «Durch den Aufenthalt von J.J. Rousseau berühmt gewordene Landschaft von hervorragendem Schönheitswert. Vielfältige Vogelwelt.»

Wege ohne Moospolster

Die Weinbaulandschaft des Bielersee-Nordufers zählt zu den ältesten Siedlungsgebieten der Schweiz. In Twann beginnt unsere Wanderung zuerst auf dem Reblehrpfad nach Ligerz und weiter über die Sprachgrenze nach La Neuveville/Neuenstadt. Rebwege, dies sei gleich gesagt, warten kaum je mit Moospolstern auf. Selbst wenn längst nicht die ganze Route asphaltiert ist, herrscht doch harter Belag vor. Für einmal reichen daher Turnschuhe aus. Der Jurahang trägt hier 80 Prozent weisse Chasselas- und 20 Prozent Blauburgundertrauben. Eingefasst ist die Rebterrassenlandschaft unten am Seeufer durch Strasse und Eisenbahn, weiter oben am Hang durch den grünen Saum des Laubwaldes.

Es waren die Römer, die vor rund 2000 Jahren die Rebe auf die Alpennordseite nach Helvetien brachten. Seither werden hierzulande in klimatisch günstigen Lagen die Weinstöcke gepflanzt.

Blick vom Sonnenhang über dem Bielersee auf die Kirche von Ligerz, dahinter die Petersinsel.

Produktionszwänge der modernen Agrikultur bedrohen heute zunehmend auch die traditionellen Rebbaulandschaften. Vor allem in flacherem Gelände werden die mauergesäumten Kleinparzellen von grossflächigen Plantagen abgelöst, welche den Maschineneinsatz erlauben, wie dies etwa zwischen Ligerz und Neuenstadt zu beobachten ist. Im ersten Teil unserer Wanderung hingegen, wo Steilhänge vorherrschen, konnte sich die althergebrachte Bewirtschaftung auf kleinflächigen Rebterrassen halten – dem Gelände über dem Ufer angepasst und durch Mauern aus behauenen Jurakalksteinen geschützt.

In der Twannbachschlucht

Dank einer Umfahrungsstrasse hat Twann eine hübsche Fussgängerzone schaffen können. Ganz in der Nähe ergiesst sich der Twannbach in den Bielersee, nachdem er die letzten Höhenmeter mit einem Wasserfall überwunden hat. Seinem Ostufer entlang tauchen wir nun in die geheimnisvolle Twannbachschlucht ein.

Der Preis für die schattige Waldeskühle ist ein Anstieg von 120 Metern, der bedeutendste des Tages. An mehreren Stellen in der Schlucht ist der Gesteinsuntergrund entblösst. Wir stossen gewissermassen ins Herz der ersten Jurakette vor und entdecken dabei jene hellen Kalke, die wir bereits von den Rebbergmauern her kennen. Neben dem «gewachsenen» Kalkstein sind da und dort steinerne Fremdlinge zu sehen – Findlingsblöcke, die vor mehr als 10 000 Jahren vom eiszeitlichen Rhonegletscher aus dem Wallis ins Bielerseegebiet transportiert wurden.

Der Doppelname von Bach und Dorf (Twann/Douanne) beweist, dass unsere Wanderung in unmittelbarer Nähe der Sprachgrenze verläuft. Auch die nächsten Ortschaften tragen zwei Bezeichnungen: Ligerz/Gléresse, Schafis/Chavannes und – nun schon eindeutig auf welschem Boden – La Neuveville/Neuenstadt.

Nach einer Spitzkehre und einer Bachüberquerung liegt die Twannbachschlucht hinter uns. Fortan führt der Weg wieder durch Reben. Vor Ligerz nimmt die alte Kirche, mitten in den Weinbergen gelegen, die Blicke gefangen. Ein Pilgerweg führt zu diesem Gotteshaus hin,

Die St. Petersinsel ist durch eine schmale Landzunge mit dem Festland verbunden.

in dem so manche Ehe geschlossen wurde. Als zweite Ligerzer Sehenswürdigkeit ist das Rebbaumuseum am See zu erwähnen, Endpunkt des Reblehrpfads, der uns auf den letzten Kilometern allerhand Wissenswertes über diesen Erwerbszweig vermittelt hat.

Schritte auf dem Seeboden

Eine Stunde dauert die Etappe zu unserem nächsten Zwischenziel: Neuenstadt. Unterwegs ist im See draussen stets die Silhouette der Sankt Petersinsel zu erkennen. Wie ein Walfisch ragt das Eiland, dem wir bald einen Besuch abstatten werden, aus dem Wasser.
La Neuveville ist ein historisches Städtchen von welschem Charme, an der Grenze des Kantons Bern zu Neuenburg gelegen. Von der Schifflandestelle führt uns ein Kursboot quer über den See zur Sankt Petersinsel. Vor der Ersten Juragewässerkorrektion (1878–1891) lag der Seespiegel rund drei Meter höher als heute. Erst die Absenkung, die den ständigen Überschwemmungskatastrophen im Seeland ein Ende bereitete, schuf die Verbindung des Heidenweges. Auf dieser Landzunge, ehemaligem Seeboden, wandern wir gegen Ende des abwechslungsreichen Tages Erlach entgegen. Der Heidenweg überrascht mit einem weiteren Lehrpfad, wo Naturgeschichte und Heimatkunde die Schwerpunkte bilden. Hier erfahren wir auch einiges über die Petersinsel, die streng genommen keine Insel mehr ist.
Mönche des Kluniazenserordens gründeten auf dem Eiland ums Jahr 1100 ein Kloster und weihten ihre Kirche dem heiligen Petrus – daher der Name. Bei der Reformation von 1528 wurde das Kloster aufgehoben. Heute ist das Anwesen, nach mehreren Umbauten, zur gastlichen Wirtschaft (mit eigenem Rebberg) geworden. Im ersten Stock befindet sich als kleines Museum die Rousseau-Stube: Der Genfer Naturphilosoph Jean-Jacques Rousseau hatte 1765 einige Wochen lang auf diesem schönen Fleck Erde geweilt.

Ein Schwan neben dem Naturlehrpfad des Heidenwegs bei Erlach.

Informationen

Route	Twann – Twannbachschlucht – Ligerz – La Neuveville – Schiff zur Petersinsel – Heidenweg – Erlach.
Anreise	Twann liegt am Abschnitt Biel – Neuchâtel der SBB-Jurafusslinie und ist von Biel auch mit dem Schiff erreichbar.
Rückreise	Ab Erlach mit dem Schiff oder mit dem Postauto: Verbindungen zu den Bahnstationen La Neuveville oder Le Landeron, Ins, Lüscherz.
Wanderzeit	4 Stunden, wenig Steigung und Gefälle.
Variante	Die erste Etappe von Twann nach La Neuveville ist ganzjährig möglich, da man hier nicht auf die Saison-Schiffsverbindung zur Petersinsel angewiesen ist.
Karten	Landeskarte der Schweiz 1:25 000, Blatt 1145 «Bieler See».
Gaststätte	Twann, Ligerz, La Neuveville, Petersinsel, Erlach.
Jahreszeit	April bis Oktober (je nach Schiffsfahrplan).
Besonderes	Kulinarische Spezialitäten sind Bielerseefische mit dem lokalen leichten Weisswein. Im Sommer gibt es unterwegs und am Wanderziel mehrere Gelegenheiten für ein erfrischendes Bad im See.
Internetlinks	www.myswitzerland.com, www.biel-seeland.ch

23 RESERVAT FANEL

- ZIHLBRÜCKE – SEEWALD – NATURSCHUTZGEBIET FANEL – BROYEKANAL – STAATSWALD – INS

Reservat Fanel

Wo das Seeland noch naturnah ist

Naturisten beim Naturschutzgebiet

Zu den international bedeutendsten Schutzgebieten für Wasservögel zählt der bernische Strandabschnitt des Neuenburgersees. Fanel heisst das Feuchtgebiet zwischen Zihlkanal und Broyekanal (der Zihlkanal verbindet den Neuenburgerseee mit dem Bielersee, der Broyekanal den Neuenburger- mit dem Murtensee). Diese Region im Seeland gehört zum Grossen Moos, der grössten Ebene der Schweiz, und ist ein letzter Streifen Naturlandschaft in einer stark vom Menschen genutzten Umgebung.

Bei der winzig kleinen Bahnhaltestelle «Zihlbrücke» am Zihlkanal beginnt unsere Exkursion ins Fanel-Schutzgebiet. Vorerst allerdings ist noch wenig von unberührter Ufernatur zu sehen. Der Zihlkanal bildet die Kantonsgrenze zwischen Bern und Neuenburg sowie gleichzeitig die Sprachgrenze zwischen Deutsch und Welsch. Drüben liegt hinter hässlichen Industrieanlagen La Tène, vor Jahrtausenden Pfahlbauerdorf, heute Touristensiedlung. Wohin man auch blickt, nichts als Boote zwischen den Kanalufern aus lebensfeindlichem Blockwurf. Nach dem Naturistencamp «Neue Zeit» beginnt dann aber das erste Teilstück des Fanel-Naturschutzgebietes am Rand des schattigen Uferwaldes, durch den sich der Fussweg Richtung Südosten hinzieht.

Hier am Neuenburgersee, dessen Spiegel sich noch hinter einer Mauer aus Gehölz und Schilf verbirgt, gibt es einen Nutzungskonflikt zwischen Natur und Naherholung. Denn Seeufer zählen zu den letzten Lebensräumen von Wasservögeln und sind zugleich attraktive Touristikregionen. Fast alle Leute, die man fragt, geben sich von der Notwendigkeit des Naturschutzes überzeugt, im Prinzip jedenfalls. Doch wenn Einzelinteressen ins Spiel kommen, etwa bei Surfern, Reitern, Hobbyfischern oder Bootsbesitzern, und Einschränkungen zum Schutz sensibler Biotope zu erlassen sind, kann es sehr wohl Auseinandersetzungen geben. Brütende Vögel vertragen Störungen, wie sie etwa Camping verursacht, denkbar schlecht.

Reservat Fanel

Wald vertreibt Wasservögel

Tatsächlich führt der Weg durch den Uferwald – Seewald genannt – in der Nähe einer grossen Zeltstadt vorbei. Etwas weiter dann, wenig landeinwärts, wird in festen Unterkünften nicht ganz so freiwillig gehaust: Dort befindet sich die Strafanstalt Witzwil. Bald ist der zweite Teil des unter Naturschutz stehenden Uferstreifens erreicht. «Reservat Fanel» hiess das Feuchtgebiet an der Mündung des Zihlkanals in den Neuenburgersee auf der Landeskarte, während das bernische Naturschutzinspektorat diese ökologische Kernregion an der Broyekanal-Mündung als «Reservat Witzwil» bezeichnet. Hier wurden unlängst für gegen zwei Millionen Franken Sanierungsarbeiten durchgeführt. Warum dieser Aufwand – sollte man denn die Natur nicht einfach sich selbst überlassen?

Am flachen, schlammig-sandigen Ufer des Neuenburgersees finden die Seerosen einen idealen Wurzelgrund.

Nein, versichern die Fachleute, denn gerade Feuchtgebiete brauchen ständige Pflege. Seit den Juragewässerkorrektionen (1868–1891 und 1962–1973) bleiben nämlich die regelmässigen Hochwasser aus; dadurch drohen weite Flächen, die zuvor jedes Jahr überschwemmt wurden, zu verbuschen. Mit der Zeit entsteht dort Wald, und die ans Leben in der Zone zwischen Wasser und Land angepassten Organismen – Pflanzen wie Tiere – verlieren ihren Lebensraum.

So seltsam dies tönen mag: Am Neuenburgersee bekämpfen Naturschützer den vordringenden Wald, um ein wertvolles Feuchtbiotop zu erhalten. Dieser Kampf jedoch geschieht mit möglichst milden Mitteln: Viel freiwillige Handarbeit gehört dazu, und wenn Maschinen zum Einsatz kommen, dann solche mit geringem Bodendruck, damit der Untergrund nicht leidet.

Inseln zum Brüten

Durch das Reservat führt ein Pfad, so dass Besucherinnen und Besucher die heiklen Zonen nicht zu betreten brauchen. Einen idealen Überblick über das ganze Gelände bieten zwei Beobachtungstürme und eine öffentlich zugängliche Besucherplattform. Von oben ist zu erkennen, wie gut sich eine kürzlich ausgebaggerte Lagune in die Landschaft einfügt. Zum Sanierungsgebiet gehören auch zwei Inseln im See, die während der Zweiten Juragewässerkorrektion mit Aushubmaterial aufgeschüttet und sogleich von Wasservögeln in Besitz genommen wurden. Als dann der Wellenschlag diesen neugeschaffenen Lebensraum für Flussuferläufer, Regenpfeifer, Brachvogel, Bekassine und Flussseeschwalbe wieder abzutragen drohte, musste auch hier sanfte Technik zum Nutzen der Natur angewandt werden: Die Inseln sind nun gegen die Erosion gesichert.

Fast schmerzlich scharf ist dann der Übergang vom naturnahen Fanel-Reservat zu den intensiv genutzten Landwirtschaftsflächen. Das Grosse Moos als wichtigstes Gemüseanbaugebiet der Schweiz ist in schachbrettartige Parzellen aufgeteilt: Statt harmonischer Formen beherrschen hier im Seeland schnurgerade Linien (Feldwege wie Entwässerungskanäle) und rechte Winkel das Landschaftsbild.

Der Boryekanal windet sich durch die Landschaft.

Dem Broyekanal entlang

Eine Ausnahme bildet der Broyekanal mit seinem elegant gewundenen Lauf. Wir folgen ihm auf dem Nordufer – gönnen uns vielleicht beim Restaurant La Sauge einen Abstecher ans Südufer – bis zum Staatswald, wo die nicht durchgehend markierte Route nordwärts gegen Ins umbiegt. An der Ostseite des Staatswaldes befindet sich die Camping-Siedlung «Trois Lacs» mit Schiffsstation der Linie Murten – Neuchâtel; weitere Anlegestellen gibt es in La Sauge und in Sugiez. Die Fortsetzung der Wanderung statt nach Ins weiter dem Broyekanal entlang bis Sugiez ist eine überlegenswerte Variante.

Informationen

Route	Bahnhaltestelle Zihlbrücke – Uferwald am Neuenburgersee (Seewald) und Naturschutzgebiet Fanel – Nordufer des Broyekanals – Staatswald – Ins.
Anreise	Mit dem Regionalzug der SBB-Linie Bern – Neuchâtel zur Haltestelle Zihlbrücke. Achtung, Fahrplan beachten, denn nicht alle Züge halten hier.
Rückreise	Ins ist Schnellzugstation der Bern-Neuchâtel-Bahnlinie.
Wanderzeit	Beim Staatswald nicht vom Broyekanal nordwärts nach Ins schwenken, sondern – bei gleichem Zeitbedarf – weiter dem Kanal entlang nach Sugiez wandern. Von dort Bahnverbindungen nach Ins und Murten – Freiburg sowie im Sommer Schiffskurse nach Neuchâtel und Murten.
Variante	Beim Staatswald nicht vom Broyekanal nordwärts nach Ins schwenken, sondern – bei gleichem Zeitbedarf – weiter dem Kanal entlang nach Sugiez wandern. Von dort Bahnverbindungen nach Ins und Murten – Freiburg sowie im Sommer Schiffskurse nach Neuchâtel und Murten.
Karten	Landeskarte der Schweiz 1:25000, Blätter 1145 «Bieler See» und 1165 «Murten».
Gaststätten	La Sauge am Broyekanal, Ins.
Jahreszeit	Ganzjährig.
Besonderes	Im Sommer über weite Strecken schattenlos, Bademöglichkeiten im See (ausserhalb des Naturschutzgebiets!) und im Kanal.
Internetlink	www.birdlife.ch, www.neuchateltourisme.ch

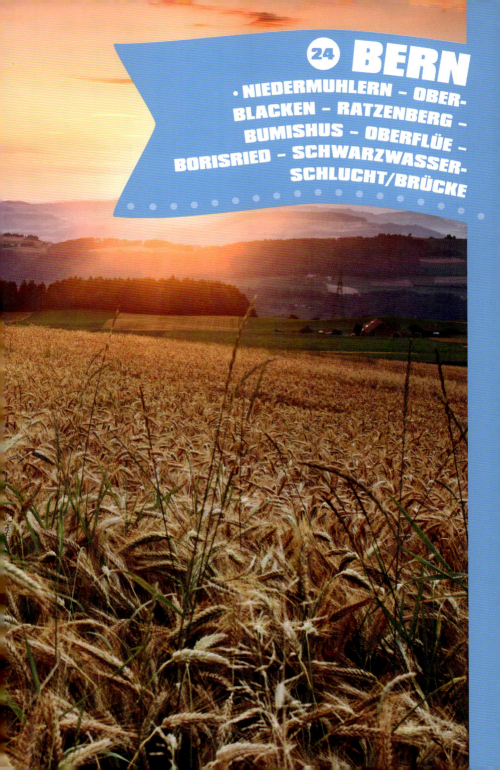

24 BERN
• NIEDERMUHLERN – OBER-BLACKEN – RATZENBERG – BUMISHUS – OBERFLÜE – BORISRIED – SCHWARZWASSER-SCHLUCHT/BRÜCKE

Naturwunder in der Nähe von Bern

Vom Längenberg zum Schwarzwasser

Ein Berg ohne Gipfel

Vom Bahnhof Bern fahren wir auf den Längenberg im Süden der Bundesstadt. Die Rückfahrt nach Bern erfolgt von der Haltestelle Schwarzwasserbrücke aus. Zwischen Postauto- und Zugfahrt liegt ein mit Erlebnissen prall gefüllter Tag in einer Landschaft, die zu den schönsten der Schweiz zählt.

Das Schwarzenburgerland – weit weniger bekannt als das nahe Emmental, mit dem es manche Eigenheiten teilt – ist zu einem guten Teil Bauernland geblieben. Einzig bei der Anfahrt nach Niedermuhlern sind noch städtische Siedlungsformen zu entdecken.

In Niedermuhlern dann sind wir wirklich auf dem Land. Der Ausgangsort unserer Wanderung in allgemein westlicher Richtung liegt auf dem Längenberg, jener langgestreckten Erhebung im Süden von Bern. Bei näherer Betrachtung ist der Längenberg kein Berg mit ausgeprägtem Gipfel, sondern eine durch Buckel und Senken gegliederte Anhöhe gute 900 Meter über Meer.

Auch wenn der Längenberg die 1000-Meter-Marke knapp verpasst, wartet er doch, klare Sicht vorausgesetzt, mit einem prächtigen Panorama auf. Wir befinden uns schliesslich nicht weit vom Alpenrand entfernt, und sowohl die Voralpen wie die Berner Hochalpen dahinter mit ihrem «Dreigestirn» Eiger, Mönch und Jungfrau ziehen bewundernde Blicke auf sich.

Versteinerungen am Wegrand

Sollte uns das Wetter keinen Panoramablick gönnen, dürfen wir uns zumindest mit einem Naturwunder in der Nähe trösten. An manchen Stellen treten hier nämlich, oft direkt am Wegrand, Sandsteinbänke mit Versteinerungen von Schnecken und Muscheln ans Tageslicht. Rasch Hammer und Meissel ausgepackt und ein Fossil aus dem Felsen geklopft! Die handlichen Stücke sind recht spröde und zerbre-

Das Schwarzwasser hat sich tief ins Sandsteinfundament gegraben.

chen, wenn man allzu heftig zuschlägt. Durch Sorgfalt lässt sich überdies Landschaden vermeiden, denn wer seine Funde mit Bedacht behandelt, braucht nicht halbe Berge abzutragen, um schliesslich einige unbeschädigte Stücke in den Rucksack packen zu können. Und wer nach uns kommt, ist dankbar, auch noch die eine Muschel oder andere Schnecke – alle Versteinerungen sind Andenken an das Molassemeer – behändigen zu dürfen.

Blick auf Hinterfultigen

Durch eine offene, freundliche Landschaft führt uns die Wanderwegmarkierung über Oberblacken – Ratzenberg – Bumishus – Oberflüe dem Zwischenziel Borisried entgegen. Während der Weg in beständigem Auf und Ab vorerst kaum an Höhe verliert, wird die Gegend

Maibummel auf den blumenübersäten Höhen am Längenberg im Südosten der Stadt Bern.

immer wilder. Linker Hand hat sich der Bütschelbach als Zufluss des Schwarzwassers tief in die weichen Sandsteinschichten eingeschnitten.

Jenseits grüsst das Dorf Hinterfultigen, in der Luftlinie nur zwei Kilometer von Borisried entfernt, doch wegen des tiefen Einschnitts schwer zu erreichen: zu Fuss auf halsbrecherischem Pfad, auf der Strasse mit einem 15-Kilometer-Umweg. Kein Wunder, gilt in Bern Hinterfultigen als Inbegriff des Abgelegenen, Hinterwäldlerischen.

Bei Borisried beginnt unser Abstieg in den Schwarzwassergraben. Es ist eine imposante Schlucht, zu beiden Seiten durch mehrere hundert Meter hohe Felswände gesäumt – ein eigentlicher Canyon, wie auch der westlich benachbarte Sensegraben.

Nun ändert sich das Landschaftsbild rasch. Keine Weiler und Einzelhöfe mehr, weder aussichtsreiche Eggen noch besonnte Fluren – uns umgibt dichter, kühler Wald, der im Sommer willkommenen Schatten spendet.

Spiele am und im Wasser

Die Mittagsstunde ist wohl nicht mehr fern oder bereits angebrochen – Zeit also für ein Picknick! Wer auf den Steinen am Schwarzwasser Feuer machen oder sich sonst tummeln möchte, denke bitte stets daran, dass die ganze Schlucht unter Naturschutz steht.

Nach dem Essen eine Siesta oder aber, wie gesagt mit Mass, ein Streifzug durch die Umgebung des Lagerplatzes. Hier in der Waldeinsamkeit fühlen sich selbst gestandene Familienväter bald als Indianer. Vorsicht beim Herumklettern an den Felsen! Das steile Gelände setzt eine Trittsicherheit voraus, die verwöhnte Bürofüsse bald überfordert. Auch beim Herumplanschen im Wasser warten Überraschungen – seichte Strecken wechseln urplötzlich mit tückischen Vertiefungen.

Nur noch eine knappe Stunde trennt uns vom Wanderziel Schwarzwasserbrücke weiter flussabwärts. So bleibt genügend Musse, die Natur im Canyon zu geniessen. Der Einschnitt weist doch eine gewisse Breite auf, so dass keine Beklemmung aufkommen kann. Auch die Sonnenstrahlen finden zumindest im Sommer problemlos ihren Weg bis zum Grund des Grabens.

Das restliche Wegstück in westlicher Richtung zur Schwarzwasserbrücke gestaltet sich recht abwechslungsreich. Weil das Gewässer in zahlreichen Schlingen von einer Schluchtseite zur anderen pendelt, führt der Wanderweg mehrmals über Brücken. Es sind schlichte

Die Schwarzwasserbrücke ist nicht mehr weit.

Konstruktionen aus Holz, die sich vorzüglich in die Naturlandschaft einfügen. Kurz vor der Einmündung des Schwarzwassers in die Sense ändert sich die Brückenwelt. Drei Übergänge spannen sich hier über die Schlucht. Da ist einmal die klassische Konstruktion aus Sandstein, gebaut für die alte Strassenverbindung zwischen Bern und Schwarzenburg. Als sie im letzten Jahrhundert dem wachsenden Verkehr nicht mehr zu genügen vermochte, wurde sie durch eine Strassenbrücke hoch über den Felsen ersetzt. Parallel dazu verläuft die Eisenbahnbrücke der Schwarzenburglinie.

Dieser Eisenbahn gilt unser einziger Steilaufstieg des Tages. Bevor wir an der Haltestelle Schwarzwasserbrücke den Zug zur knapp halbstündigen Rückfahrt nach Bern besteigen, reicht die Zeit vielleicht für eine Erfrischung im nahen Landgasthof.

Informationen

Route	Niedermuhlern – Oberblacken – Ratzenberg – Bumishus – Oberflüe – Borisried – Schwarzwasserschlucht – Schwarzwasserbrücke.
Anreise	Ab Hauptbahnhof Bern nach Niedermuhlern.
Rückreise	Ab Haltestelle Schwarzwasserbrücke mit dem Regionalzug nach Bern.
Wanderzeit	Reine Wanderzeit 3 Stunden – mit Versteinerungssuche, Baden usw. leicht das Doppelte. 200 Meter Steigung und 400 Meter Gefälle.
Variante	Beim Zusammenfluss von Schwarzwasser und Sense nicht zur Schwarzwasserbrücke hochsteigen, sondern auf dem linken – freiburgischen – Ufer der Sense bis zur Bahnstation Flamatt wandern (Regionalzüge Richtung Bern). Zusätzlich 1 $^1/_2$ Stunden.
Karten	Landeskarte der Schweiz 1:25 000, Blatt 1186 «Schwarzenburg».
Gaststätte	Schwarzwasserbrücke.
Jahreszeit	Frühling bis Herbst; wenn kein Schnee liegt, auch im Winter.
Besonderes	Für das Suchen von Versteinerungen Hammer und Meissel mitnehmen. Im Sommer Bademöglichkeit im Fluss.
Internetlink	www.bern.com

25 RESERVAT HOHGANT-SEEFELD

• INNEREIZ SÄGE – DRÄCKER – ROTMOOS – TRÜSCHHÜBEL – GRÜENENBERGPASS – SEEFELD – GEMMENALP – NIEDERHORN

Das Naturreservat Hohgant-Seefeld

Meeresabenteuer am Grüenenbergpass

Das Rotmoos, ein wenig bekanntes Hochmoor

Das ab Thun im Autobus zu erreichende Eriz ist ein naturnah gebliebenes Sackgassental am Alpenrand. Politisch gehört es ins Berner Oberland, Landschaft und Bauernhäuser erinnern allerdings eher ans nahe Emmental. Bei der Säge Innereriz auf 1040 m ü. M. beginnt die lange und anstrengende, doch ausserordentlich lohnende Tour über den Grüenenbergpass (1555 m ü. M.) hinauf zum Aussichtsberg Niederhorn (1963 m ü. M.) ob Beatenberg. Den ersten Teil der Wanderung dominiert der mächtige Kalkklotz des Hohgants, den wir zwar nicht besteigen, doch vorderhand stets im Auge behalten werden.

Während der Wanderwegweiser die direkte Route zum Grüenenbergpass weist, empfiehlt sich für Freundinnen und Freunde der Natur ein Abstecher nach Norden zum Rotmoos. Es ist ein wenig bekanntes Hochmoor und erscheint im Gegensatz zu anderen Feuchtgebieten seines Typs zurzeit auch kaum gefährdet. Bessere Wirkung als der in der Bundesverfassung (Rothenthurm-Initiative) verankerte Hochmoorschutz zeigt das Desinteresse: Nur wo weder Tourismus noch Verkehr, weder Landwirtschaft noch Militär ein Moor beanspruchen, kann es auch ungeschmälert erhalten bleiben. Der Weg führt zuerst durch die Flur mit dem wenig einladenden Namen Dräcker (hier treten Mergelschichten zutage und lassen an feuchten Tagen pfundschwere Lehmklumpen an den Wanderschuhen kleben) und dann mitten durchs Rotmoos. Um die trittempfindliche Unterlage zu schonen, sollte hier der Pfad nicht verlassen werden.

Sieben Hengste und Steinigi Matte

Nach Durchquerung des Feuchtgebietes wird das Strässchen erreicht, welches das Tal von Schangnau am Fuss von Schrattenfluh und Hohgant mit dem Eriz verbindet. Wir folgen ihm südwärts, bis wir auf den markierten Direktanstieg zum Grüenenbergpass stossen. Im Zickzack steigt der Weg dann in die Höhe bis zum Sattel zwischen dem Hohgant im Nordosten und dem Seefeld im Südwesten. Das Reservat Hohgant-Seefeld bildet, bedingt durch den Gesteinsuntergrund, eine ganz eigentümliche Landschaft. Im Wechsel von zwei Meeresablagerungen – dem hellen Schrattenkalk und dem jüngeren, dunkleren Hohgantsandstein – treten hier bizarre Felstürme, Blockfelder, Einbruchstrichter (Dolinen) und weitere Karsterscheinungen wie Karren oder Höhlen auf. Modelliert worden sind diese Geländeformen in jahrtausendelanger Arbeit durch Regen- und Schmelzwasser. Die meisten Niederschläge versickern rasch im Untergrund. Nur hier und da speichert ein Moor etwas Feuchtigkeit, während Oberflächengewässer völlig fehlen. Wassermangel ist denn auch das grösste Problem für die Vegetation, so dass die Kalkklippen der Sieben Hengste zwischen Seefeld und dem Eriz völlig kahl in den Himmel ragen. Auch die Gipfelflur des Hohgants trägt wenig Pflanzenwuchs und den bezeichnenden Namen «Steinigi Matte».

Der Flurname Seefeld mag verwirren: Weder See noch Feld, sondern Fels, Moor und lockerer Bergwald sind hier zu finden.

Weg nicht verlassen

Vom Grüenenbergpass führt ein Saumweg hinunter nach Habkern – und ein schmaler Fusspfad durchs Seefeld gegen die Gemmenalp und zum Niederhorn. Diesem wollen wir nun folgen. Auf den Besuch des Trogenmooses an der Grüenenberg-Ostrampe können wir verzichten, weil wir schon das Rotmoos gesehen und nun noch immer ein ordentliches Wegstück zu bewältigen haben. Unsere Route führt mitten durch das Naturschutzgebiet Hohgant-Seefeld, mit seinen 23 Quadratkilometern eines der grössten in der Schweiz. Ein Vorhaben, das Reservat auf rund 100 Quadratkilometer zu erweitern, um zwischen Sigriswiler Rothorn und Brienzer Rothorn einen ausgedehnten Naturpark zu schaffen, liess sich leider nicht realisieren.

Die Felsformationen schaffen ein kleingekammertes, kurzweiliges Relief, machen allerdings das Verirren leicht: Auch hier sollte man also besser den markierten Weg nicht verlassen. Dazu schreibt das bernische Naturschutzinspektorat: «Die Abgeschiedenheit und Stille des Seefelds stellt aus naturschützerischer Sicht einen hohen Wert dar, den es zu bewahren gilt. Die gefährlichen Karrenfelder eignen sich übrigens so wenig zum Spazieren wie das unübersichtliche Gelände im übrigen Seefeld, und der Wanderweg vom Grüenenbergpass her soll der einzige bleiben.»

Birkwild und Auerwild

Auch wenn auf dem Seefeld Wassermangel herrscht, trägt das Gebiet doch einen passenden Namen: Die wellige Geländeoberfläche erinnert an wogende See, scharfkantige Karren aus Kalk erscheinen wie in der Bewegung erstarrte Schaumkronen. So gesehen, kann man

Kampf zwischen belebter und unbelebter Natur in den Karrenfeldern.

Reservat Hohgant-Seefeld

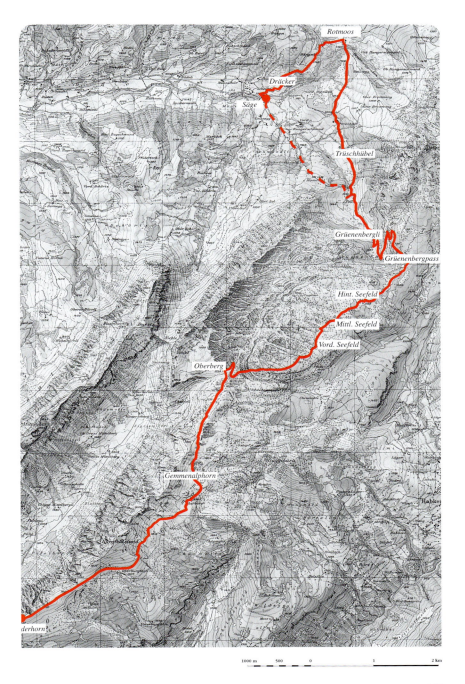

187

Am Gemmenalphorn lassen sich Gemsen und auch Steinböcke beobachten.

im Berner Oberland durchaus Meeresabenteuer erleben und ist – vor allem bei Nebel – sicher ganz froh, dann und wann auf eine Insel zu stossen. Diese Inseln sind Alphütten: zuerst Hinteres und Mittleres Seefeld, dann Vorderes Seefeld und schliesslich Oberberg.

Den Bezug zu einem Ozean stellen auch Versteinerungen her, wie man sie unterwegs bei etwas Aufmerksamkeit recht oft findet: Schalen von Meeresmuscheln im Schrattenkalk, runde Nummuliten – Münztierchen – im Hohgantsandstein. Überdies hat jedes Gestein auch seine eigene Vegetation. Auf dem Schrattenkalk wachsen verständlicherweise kalkliebende Pflanzen, während der kieselsäurereiche Hohgantsandstein eine silikatliebende Flora trägt. Nur die anspruchslosen Bergföhren gedeihen auf jeder Unterlage. In lockerem Bestand geben sie dem tiefergelegenen Teil des Seefelds sowie der anschliessenden Gemmenalp ein parkartiges Aussehen. Diese Biotope sind die Heimat verschiedener Vogelarten wie Haselhuhn und Birkwild, Schneehuhn und Auerwild. Auch Alpendohle, Tannenhäher, Zitronenzeisig und Ringdrossel finden hier Brutstätten und wecken das Interesse von Ornithologen, die mit Feldstecher, Fernrohr und Kamera im Naturschutzgebiet auf Beobachtung ziehen.

Halbzahme Steinböcke

Langsam nähern wir uns dem Niederhorn mit seiner Gondelbahn-Bergstation und treffen nun, nach Stunden der Einsamkeit, wieder häufiger auf Menschen. Interessanterweise hält sich in dieser touristischen Zone – und nicht etwa in den abgelegeneren Gebieten weiter nordöstlich – häufig eine Kolonie halbzahmer Steinböcke auf. Die stolzen Tiere profitieren offenbar, wie auch die so elegant dahinsegelnden Alpendohlen, vom reichlichen Angebot an Picknickabfällen. Vor der Talfahrt werfen wir noch einen Blick ins tiefeingeschnittene Justistal, auf den blauen Thunersee und das Alpenpanorama mit dem dominierenden Dreigestirn von Eiger, Mönch und Jungfrau.

Informationen

Route	Innereriz Säge (Busendstation) – Dräcker – Rotmoos – Trüschhübel – Grüenenbergpass – Seefeld – Gemmenalap – Niederhorn.
Anreise	Ab Thun Bahnhofplatz mit dem Autobus via Schwarzenegg nach Innereriz Säge.
Rückreise	Ab Niederhorn mit der Gondelbahn nach Beatenberg, dann mit dem Postauto nach Interlaken. Oder: Ab Beatenberg mit der Standseilbahn nach Beatenbucht und weiter mit dem Bus oder dem Thunerseeschiff nach Thun oder Interlaken.
Wanderzeit	6–7 Stunden mit rund 1000 Meter Steigung.
Variante	Von Innereriz Säge unter Verzicht auf den Abstecher durchs Rotmoos direkt zum Grüenenbergpass hochsteigen; spart eine knappe Stunde.
Karten	Landeskarte der Schweiz 1:25 000, Blätter 1188 «Eggiwil» und 1208 «Beatenberg».
Gaststätten	Innereriz, Niederhorn, Beatenberg.
Jahreszeit	Sommer und Herbst.
Besonderes	Die Route verläuft auf weiten Strecken in schatten- und wasserlosem Gebiet. Unbedingt Sonnenschutz und genügend Getränke mitnehmen.
Internetlink	www.myswitzerland.com

26 GRINDELWALD

GRINDELWALD – OBERER GRINDELWALDGLETSCHER – GEISTEINSLEHRPFAD – UNTERER GRINDELWALDGLETSCHER – GRINDELWALD

Gefahrlos in Eis und Fels

Grindelwalds Gletscherwelt

Eisströme bis ans Kulturland

Nirgendwo sonst in der Schweiz kann man so leicht – und so ungefährdet – mit dem Hochgebirge Bekanntschaft schliessen wie in Grindelwald. Hier im Berner Oberland stossen die Eisströme bis ins Kulturland vor. Ein Gesteinslehrpfad lässt zudem die Geologie lebendig werden.

Als die ersten Menschen vor rund tausend Jahren das Tal der Schwarzen Lütschine urbar zu machen begannen, fanden sie dort nichts als «Grind ol Wald» – Felsschroffen über dichtem Gebirgsurwald. «Grindelwald» nannten sie daher ihre neue Heimat.

Am Ende des 18. Jahrhunderts bedrohten die Eismassen des Oberen Grindelwaldgletschers gar das Dorf selber. Die Eisfront kam erst zum Stillstand, nachdem die Einheimischen, obwohl protestantischen Glaubens, einen Kapuzinerpater hatten kommen lassen. Ob die Beschwörungsformel des frommen Mannes oder aber eine Erwärmung die Naturkatastrophe im letzten Moment abwenden konnte, dürfte ungeklärt bleiben.

Von hohem Erlebniswert

Heute halten sich die Eiszungen des Oberen wie auch des Unteren Grindelwaldgletschers in manierlichem Abstand vom Ort, der längst kein Bergbauerndorf mehr ist, sondern sich zu einem Fremdenverkehrszentrum der Jungfrauregion entwickelt hat. Wenn Eis einst die Existenz bedrohte, bringt es nun bares Geld: Der Tourismus des «Gletscherdorfes», wie Grindelwald sich gerne – und mit gutem Recht – nennt, hängt ganz wesentlich von alpinen Attraktionen ab.

Im Rahmen des weltweiten Unesco-Forschungsprogrammes «Man and Biosphere» (MAB – Mensch und Umwelt) haben Geographen der Universität Bern das Tal von Grindelwald untersucht. Was fanden sie? «Eine Landschaft von hohem romantischem Erlebniswert: düstere Felsen, ein kalt-blauer Eisstrom, der in dunkle Tannen herniederstösst, der Mensch klein vor gewaltiger und gefahrvoller Natur, welche den Selbstbehauptungswillen herausfordert.» Als Teil des BLN-Landschaftsschutzgebietes «Berner Hochalpen» zählt die Gletscherwelt von Grindelwald zu den Landschaften und Naturdenkmälern von nationaler Bedeutung.

Auf dem Gesteinslehrpfad

Nun, ein Besuch Grindelwalds muss ja nicht gleich zum Abenteuer auf Leben und Tod werden. Gewiss kann, wer will, die weltbekannte Eigernordwand durchklettern: einen fast senkrechten Steilabfall von 1800 Meter Höhe, der erst 1938 bezwungen wurde und bisher um die 60 Todesopfer gefordert hat. Ungefährlicher indes ist ein Besuch des Oberen Grindelwaldgletschers, wo als Touristenattraktion immer wieder von neuem eine Eishöhle in die langsam vorrückende und dabei abschmelzende Zunge geschlagen wird. Die Gletschergrotte lässt sich, gegen Eintritt, ohne spezielle

Die zerklüftete Eisfläche des Oberen Grindelwaldgletschers sollte man besser nicht betreten.

Ausrüstung betreten. Nur vier Kilometer östlich des Dorfzentrums endet bei 1250 m ü.M. die Zunge dieses Oberen Grindelwaldgletschers. Das erste Teilstück unserer Wanderung führt denn auch hin zu dem Ort, wo die Schwarze Lütschine schäumend aus dem Gletschertor bricht.

Nach – fakultativem – Besuch der Eisgrotte betreten wir den Gesteinslehrpfad Richtung Pfingstegg auf fast 1400 m ü.M. zwischen dem Oberen und dem Unteren Grindelwaldgletscher. Tafeln am Weg erklären die erdgeschichtlichen Sehenswürdigkeiten: helle Gletscherschliffe auf dunklem Kalk als Zeugen der Eiszeit; geologische Grenzen, wo zwischen zwei Schichtpaketen eine Lücke in der Gesteinsabfolge von nahezu 100 Jahrmillionen klafft; von Kräften der Natur polierte Platten aus dem Zierstein Grindelwaldner Marmor... Wer sich auf dem Gesteinslehrpfad in die Erdgeschichte zurückversetzt, nimmt die Erkenntnis mit, dass auch die anscheinend so festgefügte Hochgebirgswelt alles andere als ewig ist. Da wird uralter Meeresboden ins Reich der Gletscher emporgehoben, da gibt die Erosion Gegensteuer und trägt die Gipfel Stück um Stück wieder ab.

Imposante Gletscherschlucht

In der Schlucht des Unteren Grindelwaldgletschers lässt sich diese Erosion hautnah erleben. Der Eisstrom selbst ist zwar nicht zu sehen, doch sein Schmelzwasser braust eindrücklich durch die Kluft, die es selber in den harten Fels gegraben hat. Die kurze Gegensteigung zum Schluss der Wanderung hinauf nach Grindelwald führt dann wieder durch freundlichere Gefilde.

Eine wichtige Rolle beim Bewahren dieser harmonischen Landschaft spielen die Bergbauern. Zwar muss ihre Arbeit – Viehzucht und Milchwirtschaft – massiv mit Zuschüssen unterstützt werden. Aber das ist eine gute Investition, wie die bereits erwähnte MAB-Studie der Unesco festhält: «Grindelwald hat eine 150jährige touristische Entwicklung erlebt, aus der sich ein subtiles Zusammenspiel von Tourismus und Landwirtschaft herausgebildet hat. Dieses Zusammenwirken ist die Grundlage zur Erhaltung einer hohen Qualität der natürlichen Umwelt und der Landschaft als zentrales Gut touristischer Entwicklung.»

Tatsächlich profitieren Einheimische wie Auswärtige gleichermassen von diesem Zusammenspiel. Als reines Bauerndorf vermöchte Grindelwald seine Bevölkerung nicht mehr zu ernähren; umgekehrt wären ohne Landwirte bald alle Weiden überwachsen und viele Wege überwuchert. Wer aus dem Unterland heraufkommt, um die Bergwelt zu durchwandern, sollte solche Zusammenhänge ebenfalls in Rechnung stellen.

Von Schmelzwasser geschaffenes Strudelloch auf dem Gesteinslehrpfad zur Pfingstegg.

Informationen

Route	Grindelwald Dorf – Oberer Grindelwaldgletscher – Gesteinslehrpfad zur Pfingstegg – Schlucht des Unteren Grindelwaldgletschers – Grindelwald Dorf.
Anreise	Mit den SBB von Bern oder mit der Zentralbahn von Luzern nach Interlaken Ost. Von dort mit der Berner-Oberland-Bahn BOB nach Grindelwald.
Rückreise	Siehe Anreise.
Wanderzeit	5 Stunden mit je 400 Meter Steigung und Gefälle.
Variante	Es gibt zwei Möglichkeiten, die Tour abzukürzen: Anfahrt ab Grindelwald mit dem Postauto Richtung Grosse Scheidegg bis zur Haltestelle «Oberer Gletscher», knapp 1 Stunde weniger Rückfahrt ab Pfingstegg mit der Luftseilbahn nach Grindelwald, knapp 1½ Stunden weniger.
Karten	Landeskarte der Schweiz 1:25 000, Blatt 1229 «Grindelwald».
Gaststätten	Grindelwald, Oberer Gletscher, Pfingstegg, Unterer Gletscher.
Jahreszeit	Sommer und Herbst.
Besonderes	In felsigem Gelände (Gesteinslehrpfad) unbedingt auf den markierten Wegen bleiben!
Internetlink	www.grindelwald.ch

27 COMBE GRÈDE

- ST-IMIER – CHAMP MEUSEL – LES CHENEVIÈRES – VILLERET – COMBE CRÈDE – CHASSERAL

Rätselkrater und Felsschlucht am Chasseral

Die Combe Grède

Wunde aus dem Weltall

Oberhalb von St-Imier im bernischen Südjura erregt ein Krater im Hang des Mont Soleil die Phantasie der Geologen. Wie kam diese Geländeform zustande? Es sei eine etwas ungewöhnliche Verwitterungserscheinung, sagen die einen, die Vertiefung liege an der Stelle von Zungenbecken und Endmoräne eines lokalen Juragletschers der letzten Eiszeit, die anderen. Am interessantesten aber ist die dritte Theorie: Hier sei ein Himmelskörper auf die Erde gestürzt und habe einen Meteoritenkrater geschlagen.

Als Laien können wir in diesem wissenschaftlichen Streit zwar keine Stellung beziehen, aber doch einen Augenschein nehmen. Weil sie am spannendsten ist, gehen wir von der Annahme eines Meteoritentreffers aus. Angefügt sei, dass der Krater an Ort und Stelle zwar gut zu erkennen ist, wegen der starken Bewaldung aber aus einiger Distanz kaum in Erscheinung tritt – so gibt es auch keine befriedigenden Fotos des Naturdenkmals.

Beim Aufschlag verdampft

Les Chenevières heisst der Ort, wo der Meteorit eingeschlagen haben muss; mit Champ Meusel ist ein wallartiger Gesteinstrümmerhaufen bezeichnet, bestehend aus Material, das durch den Aufprall aus der Bergflanke gerissen wurde. Vom Bahnhof St-Imier führt der Weg in nordöstlicher Richtung und stets ansteigend zuerst durch die schachbrettartig angelegte Uhrmachersiedlung, dann – vorher werfen wir noch einen Blick auf den gegenüberliegenden Chasseral, unser Wanderziel – durch Laubwald nach dem Auswurfwall von Champ Meusel. Stellen wir uns vor: Mit einer Geschwindigkeit von vielleicht 20 Kilometern in der Sekunde stürzt ein Brocken aus Gestein oder Eisen von rund 50 Meter Durchmesser aus dem Weltall der Erde entgegen. Aus südwestlicher Richtung nähert er sich dem Mont Soleil (oder besser gesagt: der Bergkette, die wir heute Mont Soleil nennen) und schlägt in ziemlich flachem Winkel auf. Beim Aufprall werden solche Energiemengen freigesetzt, dass der Meteorit auf der Stelle verdampft. Die Entstehung des Naturdenkmals war eine Naturkatastrophe: In weitem Umkreis wurde durch die Druckwelle der Wald niedergelegt, und durch die Hitzewirkung entstanden ausgedehnte Brände. In der Bergflanke klaffte ein halbkreisförmiger Einschlagtrichter von etwa 400 Meter Durchmesser. Ein Kranz herausgeschleuderter Gesteinsbruchstücke lagerte sich am Fuss der neu gebildeten topographischen Struktur ab. Unter den Menschen dürfte der Meteoritentreffer kaum grössere Opfer gefordert haben. Das Ereignis fand nämlich vor rund 100 000 Jahren statt (die Zahlenangabe ist – wie die ganze

Der interessanteste Anstieg zum Chasseral führt durch die schluchtartige Combe Grède.

Geschichte – mit einer gewissen Unsicherheit behaftet), und zu dieser Zeit war unser Land noch sehr dünn besiedelt. Möglicherweise waren herumstreifende Neandertaler Zeugen des Einschlags.

Wo die Verwitterung nagt

Der Einschlagkrater selbst, Les Chenevières, dürfte im wesentlichen seine ursprüngliche Form beibehalten haben, auch wenn die Verwitterung seither die blanken Felswände benagt. Doch der aus Lockergestein aufgebaute Auswurfwall, Champ Meusel, ist durch die Tätigkeit der Erosion seiner ursprünglich ausgeprägteren Form verlustig gegangen. Ein Forststrässchen führt in Nähe der abgeflachten Kulmination, deren Zentrum eine sichelförmige Vertiefung bildet, rundherum. Anschliessend noch ein Abstecher ins Herz des Einschlagskraters von Les Chenevières, der heute ganz den Eindruck einer einsamen Waldschlucht erweckt, ähnlich der Combe Grède an der gegenüberliegenden Talseite, die uns auf den Chasseral führen wird. Um zum Eingang der Combe Grède zu gelangen, verlassen wir die Stätte des vermuteten Meteoriteneinschlags und steigen in südöstlicher Richtung nach Villeret hinunter. Nachdem wir das Dorf durchschritten und das Tal der Suze durchquert haben, geht es wieder aufwärts, und zwar gleich richtig: Bis zum höchsten Punkt der Chasseral-Kette gilt es noch einen Höhenunterschied von 850 Metern zu bewältigen.

Gemsen wieder angesiedelt

Bei der Combe Grède handelt es sich um eine schluchtartige Kerbe, die sich vom Chasseral-Kamm in nördlicher Richtung gegen Villeret hinunterzieht. Sie gehört zu den eindrücklichsten (und zugleich am wenigsten bekannten) Naturschutzgebieten im Jura; mitten hindurch führt der wohl schönste Aufstieg zum Chasseral. Mit etwas Glück bekommt man unterwegs auch ein Rudel Gemsen zu Gesicht, von denen eine 200 Köpfe zählende Kolonie das von Felsen durchsetzte Waldgebiet besiedelt. Besonders gerne halten sich die Tiere – deren Vorfahren übrigens wieder angesiedelt werden mussten, nachdem die Gemsen hier ausgerottet waren – im oberen Drittel der Schlucht auf, wo sich die Wände auf beiden Seiten zu einem Felszirkus schliessen. Über diese Stelle schrieb Dr. Louis Rollier in einer Schrift zur Geologie des Chasserals 1902: «Bis hierher führt von Villeret aus ein holpriger Weg längs des Wildbaches. Höher oben verengt sich der Riss zu einer ungangbaren Spalte, die nur dem Wasser Durchlass gestattet und hie und da einem kühnen Kletterer Gelegenheit zu einer Kraftleistung bietet.» Seither ist ein Pfad durch die Felsen geschlagen und mit Eisenleitern gangbar gemacht worden.
Das von Rollier erwähnte Wildwasser verdient seinen Namen übrigens nur nach Regenfällen. In Trockenzeiten wird es, wie die übrigen Fliessgewässer an den Flanken des Chasserals, zu einem Rinnsal oder versiegt gar ganz. Die meisten Bauernhöfe und Alphütten sind zur Wasserversorgung auf Zisternen angewiesen.

Deutsch-französischer Sprachenmix

Beim Betrachten der Karte – inzwischen haben wir vom Landeskartenblatt «Les Bois» auf das Nachbarblatt «Chasseral» gewechselt – fallen mitten im welschen Siedlungsgebiet deutschsprachige Namen auf. So bemerken wir Gehöfte wie «L'Himelette», «Le Hubeli» oder «Le Schilt». In manchen Fällen handelt es sich um Anwesen von Wieder-

Combe Grède

täufern, deren Vorfahren ihres Glaubens wegen aus dem Emmental vertrieben worden waren und hier im Jura eine Zuflucht fanden. Auf diese Wiedertäufer weist auch die Bezeichnung «Pont des Anabaptistes» (Täuferbrüggli) am Weg von Sonceboz zum Chasseral hin; inzwischen ist die einstige Brücke durch einen Erdwall ersetzt worden. Andere deutschsprachige Flurnamen wie «Métairie de Graffenried», «La Daxelhofer» oder «Métairie de Nidau» zeugen von einstigen oder aktuellen Besitzverhältnissen, sei es durch Berner Patrizier oder durch Bürgergemeinden. Unter Métairie versteht man einen Alpwirtschaftsbetrieb, an denen der langgezogene Chasseral so reich ist.

Lasst die Blumen stehen!

Nach Überwinden des Felszirkus treffen wir auf die ersten Weiden. Der Weg führt durch coupiertes Gelände und in einem letzten Steilanstieg zur Krete, wo sich ein umfassender Blick auf Mittelland und Alpen öffnet. Beim Chasseral, dessen alter deutscher Name Gestler weitgehend in Vergessenheit geraten ist, kann man nicht gut von einem Gipfel sprechen. Der höchste Punkt dieser langgezogenen Kette liegt auf 1607 m ü. M. unmittelbar westlich des markanten Fernmeldeturms. Wo grosse Fernmeldetürme stehen, ist in aller Regel die Aussicht optimal, der Chasseral macht hier keine Ausnahme. Mit der Einsamkeit, wie sie uns Meteoritenkrater und Combe Grède geboten haben, ist es hier freilich vorbei, denn das beliebte Aussichtsziel lässt sich auf einer kurvenreichen Bergstrasse erreichen. Chasseral und Combe Grède sind ins Bundesinventar der Landschaften und Naturdenkmäler von nationaler Bedeutung (BLN) aufgenommen. In der Schutzverordnung wird dieses Gebiet beschrieben als «typische Landschaft des Hochjuras mit Weiden im Wechsel mit bewaldeten Hängen und tiefen Schluchten, reicher Flora mit vielen alpinen Arten, Gems- und Murmeltierkolonie». Wer unbedingt ein Andenken mitnehmen möchte, verzichte doch auf Blumen – etwa die blauen stengellosen Enziane oder die zierlichen Berganemonen – und halte sich lieber an Versteinerungen, wie man sie im ganzen Gebiet an Felswänden und in Geröllhalden recht häufig findet. Ein altes Fossilienverzeichnis von 1742, als der Chasseral noch «Chesseralles» geschrieben wurde, erwähnt versteinerte Seeigel und Korallen. Diese zu Stein gewordenen Lebewesen sind ein Beweis, dass die Kalkschichten sich vor rund 150 Millionen Jahren, zur Jurazeit des Erdmittelalters, auf dem Meeresgrund eines warmen Ozeans abgelagert hatten.

Informationen

Route	St-Imier – Champ Meusel – Les Chenevières – Villeret – Aufstieg durch die Combe Grède – Chasseral.
Anreise	St-Imier ist Schnellzugstation der SBB-Linie Biel – La Chaux-de-Fonds.
Rückreise	Ab Berghotel Chasseral gibt es Busverbindungen nach St-Imier.
Wanderzeit	4–5 Stunden, Höhenunterschied total 1000 Meter aufwärts, 200 Meter abwärts.
Variante	Auf den Besuch des Kraters verzichten und ab St-Imier direkt die Combe Grède anpeilen; Wanderzeit bis zum Chasseral knapp 3 Stunden.
Karten	Landeskarte der Schweiz 1:25 000, Blätter 1124 «Les Bois» und 1125 «Chasseral».
Gaststätten	St-Imier, Villeret, Chasseral.
Jahreszeit	Sommer und Herbst.
Besonderes	Die Schlüsselstelle in der Combe Grède ist durch Eisenleitern gangbar gemacht: ungeeignet für kleine Kinder, Leute mit Neigung zu Schwindel und Hunde.
Internetlink	www.myswitzerland.com, www.jurabernois.ch

28 HOCHMOOR LES BIEDS

- LES PONTS-DE-MARTEL – HOCHMOOR LES BIEDS – COMBE VARIN – NOIRAIGUE

Durchs grösste Hochmoor im Jura

Von Ponts-de-Martel nach Noiraigue

Bei Nebel Verirrungsgefahr

Im Süden von Les Ponts-de-Martel im Neuenburger Jura, unserem Ausgangspunkt, erstreckt sich das Hochmoor Les Bieds auf fast exakt 1000 m ü. M. Wir durchqueren es in freier Routenwahl auf Wegen und Pfaden (die Karte gibt mehrere Möglichkeiten an, manche kleinere Verbindungen sind gar nicht eingezeichnet) in allgemein südlicher Richtung bis zum Zwischenziel von Combe Varin. Wie alle Hochmoore der Schweiz geniesst dieses grösste noch erhaltene Feuchtgebiet im Jura den Verfassungsschutz der Rothenthurm-Volksinitiative. Selbstverständlich halten wir uns an die Schutzvorschriften und verlassen das Wegnetz nicht, um die trittempfindliche Vegetation zu schonen. Die Wanderzeit von drei Stunden ist grosszügig genug bemessen, damit man – wenn sich eine Pfadspur mal verlieren sollte – auch ein Stück zurückgehen und einen neuen Anlauf nehmen kann. Noch ein Hinweis: Bei Nebel im Moor wegen Verirrungsgefahr besser auf eine Durchquerung verzichten! Die Talsenke von Les Ponts-de-Martel bildete einst die grösste Hochmoorlandschaft in der Schweiz. Heute sind nur noch einzelne Inseln dieser speziellen Art von Biotop erhalten. Unterwegs begegnen wir grösseren Flächen, wo bis vor kurzem noch industriell Torf abgebaut wurde.

Wie Hochmoore entstehen

Moore sind extreme Lebensräume mit speziell angepassten Pflanzen- und Tiergesellschaften. Aus offenen Gewässern, die nach und nach verlanden, können mit der Zeit über verschiedene Zwischenstufen Hochmoore entstehen. Verfolgen wir diesen Prozess am Beispiel der Hochmoorlandschaft von Les Ponts-de-Martel.
In vorgeschichtlicher Zeit, vor einigen tausend Jahren, bedeckte ein langgestreckter See das Hochtal, in dem später die Dörfer La Sagne und Les Ponts-de-Martel entstehen sollten. Das stille Gewässer war

etwa zwölf Kilometer lang und ein bis zwei Kilometer breit. Die letzte Eiszeit war zu Ende, die Juraregion hatte sich wieder mit Vegetation zu überziehen begonnen. Starke Bodenvernässung und Sauerstoffmangel im Wasser verhinderten, dass sich abgestorbene Wasserpflanzen und Ufervegetation zersetzten.

Aus den Pflanzenresten bildete sich nach und nach eine dicke Schicht von organischem Material. Immer seichter wurde der See, und auch seine Oberfläche nahm ab, denn die Ufer rückten immer näher zusammen. Schliesslich hatte die auf abgestorbenem Pflanzenmaterial wurzelnde Pflanzendecke den ganzen Talgrund in Besitz genommen: Der einstige See war verlandet.

Die Hochmoorlandschaft von Les Ponts-de-Martel steht heute dank einer Volksinitiative unter Schutz.

Auf Regenwasser angewiesen

Als das Oberflächengewässer verschwand, ergab sich eine Umstellung bei der Wasserversorgung für die Pflanzen. Bald war die Vegetation allein auf das Regenwasser angewiesen. Damit änderte sich auch ihr Erscheinungsbild. Aus dem sumpfartigen Flachmoor mit Schilf, Seggen und Bruchwald wurde ein Hochmoor, wo nur noch die an die speziellen Lebensverhältnisse angepassten Pflanzen gedeihen können. Wichtigster Hochmoor-Besiedler ist das Torfmoos (Sphagnum). Wie alle anderen Pflanzen wandelt es sich nach dem Absterben in dieser dauerfeuchten Umgebung zu Torf um. Mit der Zeit bilden sich Torfschichten von mehreren Meter Mächtigkeit.

Abgetorft und umgenutzt

Im schweizerischen Hochmoor-Inventar wird dieser Vorgang anschaulich beschrieben: «Die Bildung eines typischen Hochmoors ist ein sehr langsamer Prozess, der sogar bei günstigem, ungestörtem Ablauf Jahrhunderte bis Jahrtausende dauert. Zur Hochmoorbildung ist ein niederschlagsreiches, feucht-kühles Klima erforderlich, welches die Bildung von Torf begünstigt und dessen Zersetzung stark begrenzt. Im Weiteren müssen für eine Hochmoorentwicklung das Gelände möglichst eben und der geologische Untergrund undurchlässig sein, wodurch eine ausreichende Vernässung gewährleistet wird.» Da das Hochmoor ausschliesslich durch Niederschläge befeuchtet wird, ist sein Wasser wesentlich saurer und auch nährstoffarmer als etwa das Grundwasser. Durch ihre Ausscheidungen und Abbauprodukte versauern die Torfmoose das Moorwasser noch zusätzlich. Gewiss kein Lebensraum für anspruchsvolle Kulturpflanzen! Unseren Vorfahren galten Hochmoore deshalb als unproduktive Gebiete, die man nach Möglichkeit entwässerte. Gleichzeitig liess sich Torf gewinnen – in getrocknetem Zustand noch im Zweiten Weltkrieg ein begehrter Brennstoff. Ursprünglich umfassten die Hochmoore der Schweiz eine Fläche von rund 10 000 Hektaren. Heute sind weniger als 1500 Hektaren geblieben.

Noch vor 250 Jahren nahm das Hochmoor im Tal von Les Ponts-de-Martel 1450 Hektaren ein. Entwässerung und Torfabbau erreichten während des Zweiten Weltkriegs einen Höhepunkt. Seither ist der grösste Teil der einstigen Moorfläche zu Wiesland umgenutzt. Der

Ein grosser Teil des Hochmoores wurde zu Wiesland umgenutzt.

Torfabbau diente zuletzt nicht mehr der Gewinnung von Heizmaterial, sondern der Produktion von Gartentorf (Torfmull). In ursprünglichem Zustand befinden sich noch 130 Hektaren, weniger als ein Zehntel des einstigen Hochmoors. Am schönsten erhalten sind die inselartigen Bestände im Gebiet von Les Bieds südlich von Les Ponts-de-Martel, also unmittelbar an unserer Wanderroute Richtung Combe Varin.

Naturforscher-Gedenkstätte

Je nach gewähltem Weg sind bei der Hochmoorwanderung zwischen fünf und sieben Kilometer zurückzulegen – ohne Höhenunterschiede, denn Hochmoore kommen nur an flachen Standorten vor. Beim Gehöft von Combe Varin haben wir das Südufer des einstigen, längst verlandeten Sees und damit auch das Ende des Moores erreicht. Nun ändert sich der Untergrund (Kalkstein statt Torf), und auch die Landschaft nimmt ein anderes Gepräge an. Hier sind wir in der Nähe des Steilabfalls zum Val de Travers, auf dessen gegenüberliegender Seite der Felsenkessel des Creux du Van zu sehen ist. Doch bevor wir den Abstieg nach Noiraigue in Angriff nehmen, wollen wir noch in Combe Varin vorbeischauen. Es ist eine Art «Wallfahrtsort» für Naturforscher. Hier wohnte der Geologe Edouard Desor (1811–1882), Mitarbeiter des Neuenburger Gletscherforschers Louis Agassiz. Und an dieser stillen Stätte trafen sich auch die bedeutendsten Naturwissenschaftler des 19. Jahrhunderts zum Gedankenaustausch.
Desor war deutscher Abstammung, erwarb aber später das Schweizer Bürgerrecht. Ohne an einer Hochschule studiert zu haben, wurde er durch praktische Betätigung und Anleitung seines Arbeitgebers Agassiz zum Naturforscher. Er befasste sich vor allem mit Versteinerungen, Gebirgskunde und Gletscherforschung; zu diesem Zweck weilte er mehrere Sommer lang auf dem Unteraargletscher. Verdient machte er sich auch um die Geologische Karte der Schweiz. Desor wurde Geologieprofessor an der Universität Neuenburg und war Grossrat dieses Kantons, seiner zweiten Heimat.

Bundesräte an den Bäumen

Als sprachenkundiger, weltgewandter und kontaktfreudiger Mann besass Edouard Desor einen grossen Bekanntenkreis. Jahrelang lud er Wissenschaftler aus aller Welt während der Sommermonate in sein Landhaus Combe Varin ein.

Noch heute ist das Andenken an die berühmten Freunde Desors in Combe Varin gegenwärtig. Der Gastgeber liess nämlich die Namen seiner Besucher mit weisser Farbe an die Bäume der Allee malen, die zum hübschen Landhaus führt. Diese «Allée des naturalistes» (Naturforscher-Allee) gehört zu den Merkwürdigkeiten des Juras, auch wenn sie nur wenige kennen. 41 Bäume stehen noch heute. Die Namen sind mit Farbe nachgezogen worden, so dass man sie gut lesen kann. Da begegnen wir etwa Desors Geologen-Kollegen Bernhard Studer (Bern), Peter Merian (Basel), Arnold Escher-von der Linth und Oswald Heer (beide Zürich), Amanz Gressly (Solothurn) und Alphonse Favre (Genf). Unter den Chemikern sind die bekannten deutschen Gelehrten Friedrich Wöhler (Begründer der organischen Chemie), Justus Liebig (Lebensmittelchemiker) und Christian Schönbein (Entdecker des Ozons und Erfinder der Schiessbaumwolle) zu nennen. An Staatsmännern – Desor selber war ja auch Politiker – herrscht ebenfalls kein Mangel. Sechs Bundesräte logierten hier und wurden auf Bäumen verewigt: Jakob Dubs (Zürich), Carl Schenk (Bern), Wilhelm Friedrich Hertenstein (Zürich), Josef Zemp (Luzern), Eugène Borel, Numa Droz (Neuenburg).

Von Combe Varin führt ein stellenweise recht steiler Pfad durch den Bergwald hinunter nach Noiraigue im Val de Travers. Bei Noiraigue entspringt ein Flüsschen gleichen Namens (er bedeutet «dunkles Wasser»). Das Wasser, das da in verschiedenen Adern aus bemooster Quelle am Fuss der Jurakalkfelsen bricht, stammt aus dem Hochmoor bei Les Ponts-de-Martel und hat – auf unterirdischem Weg durch Klüfte im Kalk – den gleichen Höhenunterschied zurückgelegt wie wir.

Informationen

Route	Les Ponts-de-Martel – Hochmoor von Les Bieds – Combe Varin – Abstieg nach Noiraigue im Val de Travers.
Anreise	Von La Chaux-de-Fonds mit dem Zug nach Les Ponts-de-Martel. Oder ab Neuenburg/Neuchâtel mit dem Postauto über den Pass von La Tourne nach Les Ponts-de-Martel.
Rückreise	Ab Noiraigue mit der Val-de-Travers-Lokalbahn nach Neuchâtel.
Wanderzeit	3 Stunden mit 300 Meter Gefälle.
Variante	Statt von Combe Varin direkt nach Noiraigue abzusteigen, auf der Höhe weiter nach Südwesten wandern und erst bei Travers zum Talboden absteigen (Bahnverbindung nach Neuchâtel); eine Stunde zusätzlich.
Karten	Landeskarte der Schweiz 1:25 000, Blatt 1163 «Travers».
Gaststätten	Les Ponts-de-Martel, Noiraigue, Travers.
Jahreszeit	Frühling bis Spätherbst.
Besonderes	Diese Tour lässt sich gut mit der Wanderung zum Creux du Van kombinieren.
Internetlink	www.val-de-travers.ch

29 CREUX DU VAN

- NOIRAIGUE – FERME ROBERT – FONTAINE FROIDE – SENTIER DU SINGLE – LE SOLIAT – SENTIER DES 14 CONTOURS – NOIRAIGUE

Felsenkessel des Creux du Van

Bärenpfad-Romantik ohne Bär

Weder Vulkan noch Meteorit

Im Nahkampf («lutte corps à corps») habe Daniel Robert 1757 im Creux du Van den letzten Bären erlegt, verkündet die Inschrift am Gasthaus Ferme Robert, dem beliebten Anlaufpunkt unter den Steilabstürzen des Creux du Van. Auch wenn Naturschützer gelegentlich über eine Wiederansiedlung von Bären in der Schweiz diskutieren, hier im Neuenburger Jura wird – Wandersleute wie Picknickende dürfen beruhigt sein – gewiss kein Meister Petz mehr frei herumlaufen. Die einstige Wildnis präsentiert sich nämlich ordentlich gezähmt, und auch das Naturdenkmal des Creux du Van erscheint eher als romantische Kalkkulisse über schattigem Wald denn als gähnender Krater, wie er in der Fremdenverkehrsliteratur gern beschrieben wird.

Wie konnte sich an der Bergflanke über der Areuse-Schlucht eine solche halbkreisförmige Felsformation bilden? Zuerst dachten Geologen an Vulkankräfte, dann an den Einschlag eines Meteoriten, schliesslich an das Wirken von Eiszeitgletschern. Viel zu weit gesucht, Freunde. Inzwischen weiss man, dass der Creux du Van (eigentlich «creux du vent» = Windloch) im Laufe von Jahrtausenden durch ganz normale Verwitterung des hellen Gesteins entstanden ist.

Einsame Spaziergänge

Schade, ein Vulkankrater wäre natürlich attraktiver gewesen. Aber auch ohne Feuerwerk entfaltet der Creux du Van seine romantischen Reize. Sehr beeindruckt von der Szenerie zeigte sich der Genfer Naturphilosoph Jean-Jacques Rousseau, der 1762–1765 als politischer Flüchtling im Val de Travers Unterschlupf gefunden hatte. Hier verfasste er sein Buch «Einsame Spaziergänge» und propagierte dabei eine neue Sicht der Landschaft: Das natürlich Gewachsene in seiner Wildheit sei doch schöner als das Herausgeputzt-Gepflegte französischer Parkanlagen. So gesehen, hat Rousseau im Creux du Van das Wandern erfunden…

Was würde der Meister wohl heute sagen, wenn er wiederkommen könnte? Von ursprünglicher Wildheit ist nicht mehr viel zu bemerken. Da hat's einen grossen Parkplatz, eine Postautohaltestelle, das bereits genannte Restaurant Ferme Robert, Abfallkörbe fürs Picknickpapier, perfekt markierte Fusswege… so ungefähr alles, was wir modernen Menschen brauchen, um in der «Wildnis» zufrieden zu sein. Nun gut: Lieber wandeln wir friedlich auf einstigem Bärenpfad, als dass wir uns mühsam durchs Dikkicht schlagen und dabei womöglich noch einem echten Bären begegnen.

Erstes Schweizer Schutzgebiet

In den ruhigeren – das heisst touristisch weniger stark genutzten – Regionen des ausgedehnten Felsenkessels fühlen sich Steinböcke, Gemsen und auch einige Luchse wohl. Sie geniessen den Schutz des ersten

Creux du Van: Jahrmillionen der Erdgeschichte sind im Felsabsturz aus Kalkgestein dokumentiert.

Schweizer Naturreservates: Bereits 1870 wurden im Creux du Van Jagd und Holzschlag verboten, und zwar auf Initiative des Club Jurassien (das ist der kleinere Bruder des Schweizer Alpen-Clubs SAC). Seither hat sich das Schutzgebiet auf 15 Quadratkilometer vergrössert und umfasst nun auch die nahe Areuse-Schlucht. Die ganze Gegend, die wohl schönste im Neuenburger Jura, fand ausserdem Aufnahme ins Bundesinventar der Landschaften und Naturdenkmäler von nationaler Bedeutung (BLN).

Am besten verbindet man den Besuch des Creux du Van mit einer Wanderung – Rousseau verpflichtet. Von der Bahnstation Noiraigue an der Linie Neuchâtel – Buttes führt eine recht anstrengende Tour hinauf zur Ferme Robert und dann weiter in den Felsenkessel. Sehenswert sind die Zwergbäume am Fuss der 200 Meter hohen Felswand, die trotz ihres Alters von zwei Jahrhunderten kaum Menschengrösse erreichen. Sie wurzeln in einem Boden, der aus Mangel an Sonnenwärme selbst im Sommer teilweise gefroren bleibt.

Hier entspringt auch die Quelle Fontaine Froide (kalter Brunnen) und gibt, in einer Röhre gefasst, den Wandernden letzte Labung vor dem Aufstieg durch die Felswand. Man benutze die Gelegenheit, um Körper und Feldflasche aufzutanken: Weiter oben in der Kalkeinöde findet sich dann kein Wasser mehr.

Kondition und Schwindelfreiheit

Im Zickzack führt der Sentier du Single, ein richtiger Bärenpfad, durch die Steilwand zur Krete des Creux du Van. Es ist ein Teilstück, das doch einiges an Kondition und Schwindelfreiheit verlangt. Von der Ferme Robert bis zum höchsten Punkt Le Soliat (1463 m ü. M.) sind immerhin fast 500 Höhenmeter zu bewältigen. Bitte aufgepasst

Wenn die Sommerhitze über dem Felsenkessel lastet, ist eine Abkühlung in der Fontaine Froide hochwillkommen.

Creux du Van

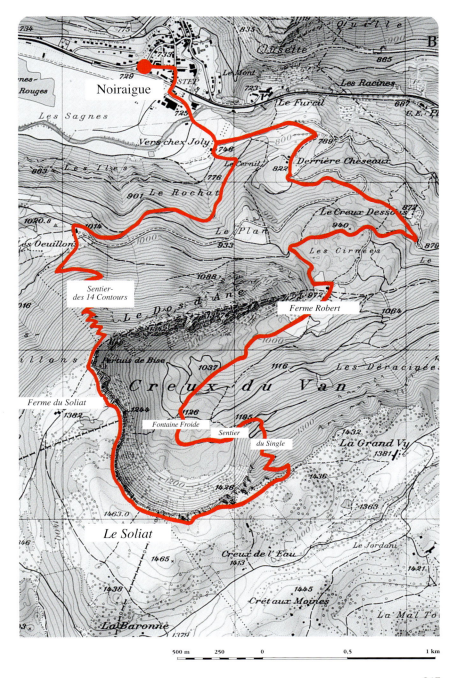

Der kluftige Creux du Van – mit dem Neuenburgersee im Hintergrund.

unterwegs: Wer herumschauen möchte, soll dazu anhalten. Ein Misstritt könnte fatale Folgen haben, wie eine Gedenktafel an exponierter Stelle mahnt – hier ist ein Soldat vom schmalen Pfad abgekommen und in die Tiefe gestürzt.

Oben entschädigt die grossartige Aussicht über den Neuenburgersee bis zu den Alpen für alle Mühen und Gefahren. Bei der Soliat-Kulmination stösst der Kanton Waadt bis zum Abbruch des Creux du Van vor; das Berggasthaus Ferme du Soliat hingegen befindet sich wieder auf Neuenburger Boden. Nach einer Stärkung folgt der Abstieg nordwärts direkt Richtung Noiraigue. Sentier des 14 Contours heisst dieser Pfad, was bedeutet, dass insgesamt 14 Kehren zu bewältigen sind: mit gutem Gefühl, denn es ist ja keine Begegnung mit einem Bären zu erwarten.

Creux du Van

Informationen

Route	Noiraigue – Ferme Robert im Creux du Van – Fontaine Froide – Aufstieg über den Sentier du Single – Le Soliat – Ferme du Soliat – Abstieg über den Sentier des 14 Contours – Noiraigue.
Anreise	Von Neuchâtel mit dem Regionalzug Richtung Buttes nach Noiraigue im Val de Travers.
Rückreise	Wie Anreise.
Wanderzeit	5 Stunden mit je 750 Meter Steigung und Gefälle.
Variante	Wer auf den anspruchsvollen Anstieg durch die Felswand verzichten möchte, wandert vom Brunnen Fontaine Froide auf gleichem Weg zurück nach Noiraigue (insgesamt etwa 3 Stunden mit je 400 Meter Steigung und Gefälle).
Karten	Landeskarte der Schweiz 1:25 000, Blatt 1163 «Travers».
Gaststätten	Noiraigue, Ferme Robert, Ferme du Soliat.
Jahreszeit	Sommer und Herbst.
Internetlinks	www.myswitzerland.com, www.neuchateltourisme.ch

30 ZENTRUM CHAMP PITTET

- YVERDON – CAMP PITTET – NORÉAZ – CUARNY – CRONAY – DONNELOYE

Zentrum Champ Pittet

Erlebter Naturschutz am Neuenburgersee

Das Grosse Seggenried

Eine halbe Wanderstunde östlich von Yverdon liegt der Landsitz Champ Pittet, durch den Schweizerischen Bund für Naturschutz (SBN, heute Pro Natura) zum Informationszentrum ausgebaut. Am nahen Ufer des Neuenburgersees erstreckt sich das auch unter dem Namen «Camargue der Schweiz» bekanntgewordene Schutzgebiet Grande Cariçaie.

Allerdings handelt es sich hier nicht wie bei der Camargue in Südfrankreich um das Delta eines Stromes (der Rhone) im Mittelmeer, sondern um einen naturnah gebliebenen Strand am grössten Jura-Randsee. Ein weiterer Unterschied: Die Grande Cariçaie verdankt ihre Entstehung einem Menschenwerk, der Absenkung des Seespiegels während der Ersten Juragewässerkorrektion 1868–1891. Damals wurde jener Abschnitt trockengelegt, der heute vorwiegend mit Sumpfpflanzen bewachsen ist: Grande Cariçaie heisst übersetzt Grosses Seggenried.

Im flachufrigen Reservat geht das Land unmerklich ins Wasser über, und schon geringe Seespiegelschwankungen vermögen die Strandlinie merkbar zu verschieben. Die Verkehrswege – Bahn und Strasse Richtung Payerne – verlaufen deshalb in einigem Abstand zur Küste, und auch der Fussweg vom östlichen Ortsrand in Yverdon nach Champ Pittet meidet den Schilfgürtel.

Natur in Multivision

Der historische Kern von Yverdon selbst liegt ebenfalls mehr als einen Kilometer vom Ufer entfernt. Ein Besuch des Stadtzentrums lohnt sich, ist aber mit einem kleinen Umweg verbunden. Das massive Schloss mit seinen Rundtürmen liegt an einem Entwässerungskanal der Orbe-Ebene, dem Canal Oriental. Diesem Gewässer folgen wir nun bis zu dessen Einmündung in den See beim Campingplatz.

Zentrum Champ Pittet

Der seichte Strand am Südostufer des Neuenburgersees entstand durch die Erste Juragewässerkorrektion.

Nach diesem ersten Kontakt mit dem Neuenburgersee führt der Weg bald wieder landeinwärts, wo Reste von Pfahlbausiedlungen ausgegraben wurden. Vor Jahrtausenden standen sie direkt am Ufer; die Absenkung des Wasserspiegels um drei Meter vor gut 100 Jahren hat den Strand nun um 500 Meter nordwärts verschoben.

Das Naturschutzzentrum von Champ Pittet in seinem Landsitz aus dem 18. Jahrhundert verfügt über eine Ausstellung mit Multivision, ferner über Informations- und Arbeitsräume (Labor mit Mikroskopen) sowie ein Restaurant. Die nähere Umgebung des Gebäudes dient ebenfalls der Naturentdeckung: Hier finden sich verschiedene typische Standorte – vom Feuchtbiotop bis zur Trockenmauer – mit ihrer jeweiligen Tier- und Pflanzenwelt.

Hindernis für Tiere

Ein eigens angelegter Naturlehrpfad ermöglicht den Besuch der Grande Cariçaie. Von Champ Pittet führt er zuerst unter der stark befahrenen Hauptstrasse hindurch, bevor er das Seggenried erreicht. Diese Strasse im Grenzbereich zwischen Uferwald und Ried wirkt für die Tiere als grosses Hindernis in ihrer Bewegungsfreiheit. Tausende von ihnen müssen denn auch jedes Jahr auf dem Asphalt ihr Leben lassen: vor allem Frösche und Kröten, aber auch grössere Tiere wie Füchse, Iltisse und erstaunlich viele Vögel. Raubvögel etwa fallen dem Verkehr zum Opfer, während sie sich die zuvor überfahrenen Tiere als Beute holen.

Beim Gang durchs Ried erkennt man, dass die Grande Cariçaie keineswegs eine monotone Schilffläche ist, sondern aus einem Mosaik verschiedener Lebensräume besteht: Da gibt es auch Weidendickichte, offene Wasserflächen und Parzellen von dschungelartig anmutendem Bruchwald. Eine Aussichtskanzel sowie ein Beobachtungsturm erlauben einen guten Überblick über das Gebiet; zweisprachige Informationstafeln orientieren über Fauna und Flora. Insgesamt stehen ca. 840 Hektaren Sumpfland, Feuchtwiesen und Auenwald unter Naturschutz.

Eine Mahd alle drei Jahre

Braucht ein Naturschutzgebiet denn überhaupt Pflege? Im Falle der Grande Cariçaie schon, denn sonst würde die Riedlandschaft in verhältnismässig kurzer Zeit zuerst von Büschen und dann von Bäumen überwachsen. Denn seit der Ersten Juragewässerkorrektion fehlen die natürlichen Seeschwankungen, deren Hochwasser zuvor das Aufkommen von Büschen und Bäumen verhindert hatten.

Jetzt müssen die Riedgebiete regelmässig gemäht werden. Auf Teilstücken von jeweils zwei bis drei Hektaren kommt es alle drei Jahre zu einem Schnitt. Das gemähte Pflanzenmaterial wird entfernt; es eignet sich gut als Streue oder Kompost. Ohne Eingriffe – pro Hektare fallen jedes Jahr 38 Tonnen Biomasse an – würde sich das Terrain rasch über den Wasserspiegel erhöhen und dadurch austrocknen, zum Nachteil der auf Feuchtigkeit angewiesenen Sumpfvegetation.

Neben dieser – dank Pflege im Schutzgebiet gebremsten – Verlandung machen noch andere Einflüsse der Grande Cariçaie zu schaffen: Massentourismus (die zugänglichen Strandabschnitte sind vielbesuchte Naherholungsgebiete), Bootsverkehr (nicht alle Freizeitkapitäne respektieren die Schutzbestimmungen), Überdüngung der Gewässer durch die Landwirtschaft im Hinterland.

Nach dem Besuch des Riedes führt ein weiterer Abstecher in den Bruchwald zwischen Hauptstrasse und Hangfuss. Wo ein Bach dem See entgegenströmt (er bildet zuvor einen Wasserfall über Sandsteinfelsen), stockt urwaldartiger Erlenwald auf dauerfeuchtem Untergrund. Den Erlen benachbart gedeihen auf trockenerem Boden lichte Eschenwälder. Eschen setzen erst im späten Frühling Laub an, was dem sonnenhungrigen Unterholz eine Wachstumschance gibt. Daher findet sich in Eschenbeständen meist mehr Unterholz als im Buchenwald.

Mehr als 50 000 Wasservögel

Die Grande Cariçaie und der angrenzende Uferwald zählen zu den tierreichsten Biotopen der Schweiz. Mehr als 400 Schmetterlings- und 30 Libellenarten kommen hier vor. Über 100 Vogelarten finden eine Heimat oder eine Raststätte auf dem Durchzug; über 50 000 Wasservögel überwintern jeweils. Die Fortsetzung unserer Wanderung führt vom Uferbereich in die Hügellandschaft im Süden des Neuen-

Sumpfdotterblumen setzen einen gelben Akzent in die sonst eher diskret gefärbte Uferlandschaft.

Das Naturreservat von Champ Pittet bietet Tausenden von Wasservögeln eine Heimat.

burgersees – und in eine ganz anders geartete, den Deutschschweizern unbekannte Welt. Wer das Waadtland besucht, wählt ja meist die Reblandschaften am Genfersee zum Ziel, nicht jedoch die Wald-und-Wiesen-Abfolge mit ihren Bauerndörfern unweit von Yverdon. Wie wir bald erfahren, ist diese Gegend stärker coupiert als manch andere Mittelland-Region, weil die hier zum Neuenburgersee strömenden Flüsschen – so die Mentue zwischen Cronay und unserem Tagesziel Donneloye – sich recht tief in den weichen Sandsteinuntergrund eingefressen haben.

Beim Aufstieg von Champ Pittet zur ersten Anhöhe (Montéla auf 668 m ü. M. zwischen Noréaz und Cuarny) fällt der Blick, wenn man sich umdreht, auf den 150 Meter tiefer liegenden Neuenburgersee. Jenseits der Wasserfläche – mit 218 Quadratkilometern ist der See das grösste ganz in der Schweiz liegende Gewässer – lässt sich das dichtbesiedelte Gegenufer am Jurasüdfuss erkennen, wo die Klimagunst den Rebbau erlaubt. Auf unserer Seeseite gedeiht immerhin Obst in ausgedehnten Kulturen.

Für das Teilstück zwischen Champ Pittet und Donneloye gilt freie Routenwahl. Das verhältnismässig dichtgeknüpfte Wegnetz und die zuverlässige Landeskarte (unverzichtbar ist das 25000er Blatt Nr. 1203 «Yverdon-les-Bains») erlauben es, je nach Kondition und Wetterverhältnissen zwischen verschiedenen Möglichkeiten zu wählen. So wird man bei feuchten Bedingungen wohl gerne trotz des teilweisen Hartbelags ein Flursträsschen den hier recht lehmigen Feldwegen vorziehen.

Informationen

Route	Yverdon – Champ Pittet (Naturschutzzentrum) – Noréaz – Cuarny – Cronay – Donneloye.
Anreise	Yverdon liegt an der SBB-Jurafusslinie Zürich – Olten – Biel – Lausanne und an der SBB-Strecke Freiburg – Payerne – Yverdon.
Rückreise	Ab Donneloye mit dem Postauto nach Yverdon.
Wanderzeit	4 Stunden mit 400 Meter Steigung und 300 Meter Gefälle.
Variante	Von Champ Pittet zurück nach Yverdon, Besuch des historischen Städtchens und, im Sommer, Baden im Neuenburgersee oder Schiffahrt nach Neuchâtel.
Karten	Landeskarte der Schweiz 1:25 000, Blatt 1203 «Yverdon-les-Bains».
Gaststätten	Yverdon, Champ Pittet, Cronay, Donneloye.
Jahreszeit	Ganzjährig; für botanische Beobachtungen ist das Sommerhalbjahr, zum Studium der vielen Wasservögel der Winter ideal.
Internetlink	www.pronatura-champ-pittet.ch

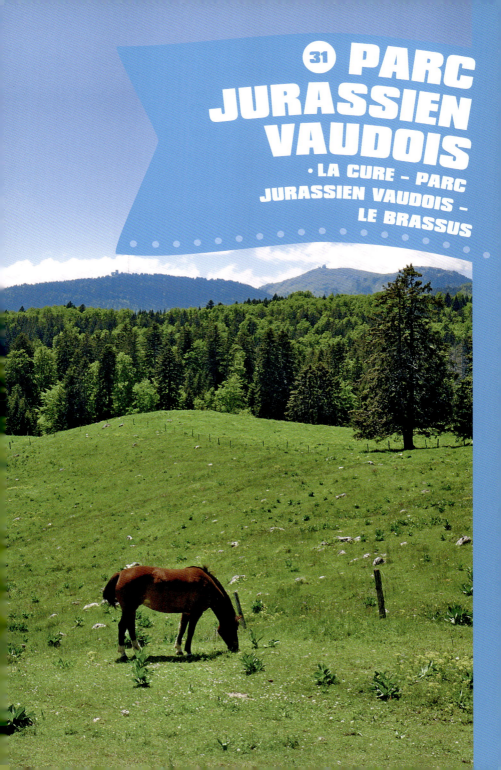

31 PARC JURASSIEN VAUDOIS

- LA CURE – PARC JURASSIEN VAUDOIS – LE BRASSUS

Ein Naturpark im Grenzland

Der Parc jurassien vaudois

Ein «Parc» ohne Rummel

Ganz im äussersten Westen der Schweiz wartet ein weitgehend unbekanntes Grenzland auf sanfte Entdeckung: das Gebiet zwischen dem Col de la Givrine (1228 m ü. M.) und dem Col du Marchairuz (1447 m ü. M.) im Waadtländer Jura. Lange Zeit von der Entwicklung vergessen, blieb hier die typische Wald-und-Weide-Parklandschaft fast ungestört erhalten und ist nun als Parc jurassien vaudois unter Schutz gestellt. Unser Wandervorschlag erschliesst den nördlichen, selten besuchten Teil. Grenzorte sind kaum je von überragendem Charme, und La Cure VD macht da keine Ausnahme. Hier ist Endstation der Bahnlinie von Nyon her via St-Cergue – und Ausgangspunkt unserer Tageswanderung quer durch den Parc jurassien vaudois nach Le Brassus im Vallée de Joux. Von Le Brassus führt dann eine Bahnlinie nach Lausanne, mit Umsteigen in Le Day. «Parc» ist eine Bezeichnung für Landschaftsschutzgebiet und sollte besser keine Vorstellungen von Vergnügungspark mit Rummel, Konsum und reichbestückten Verpflegungsständen wecken. Das Vergnügen auf der Dreissig-Kilometer-Tour mit stetem Auf und Ab besteht allein im Naturgenuss und im Schmausen aus dem Rucksack auf wohlverdienter Rast. Unterwegs gibt es kein einziges Restaurant und keine sonstige Verpflegungsmöglichkeit, abgesehen von einsamen Alphütten, wo während der Saison vielleicht ein Senn Milch und Käse verkauft.

Regenschutz im Rucksack

Es ist also eine kleine Expedition, die da auf uns wartet. Weil ein mit allem Drum und Dran acht-stündiger Wandertag bevorsteht, empfiehlt es sich, nach einer Übernachtung am Parkrand in St-Cergue oder La Cure möglichst früh aufzubrechen. Regenschutz nicht vergessen: Mit fast 2000 Millimeter Niederschlag pro Jahr gehört diese

Ecke zu den feuchtesten Regionen des Welschlandes. Auch ein Feldstecher, eine Kamera oder ein Block mit Zeichenstift gehören in den Rucksack, denn es dürfte einiges zu beobachten geben. Zur Orientierung auf der nicht durchgehend markierten Route, wo oft nur Pfadspuren über die Weiden führen, ist ein Kartensatz im Massstab 1:25 000 unerlässlich. Kompass? – Warum nicht! Leuchtraketen für Notsignale? – Nun, das wäre wohl übertrieben, schliesslich trampen wir nicht durch den menschenleeren Norden Kanadas, sondern immer noch durch die Schweiz (die hier allerdings stellenweise stark an Kanada oder auch an Skandinavien erinnert).

Ein Naturpark ...

Die Idee zur Schaffung eines grossflächigen Reservates im Waadtländer Jura wurde erstmals 1956 durch den

Der Parc jurassien vaudois lockt zu einer vollen Tagestour durch die typische Juralandschaft.

Vorstand des kantonalen Naturschutzbundes Ligue vaudoise pour la protection de la nature (LVPN) diskutiert. Nachdem sich eine zunehmende Bedrohung gezeigt hatte, etwa durch den Skilift von französischer Seite her auf den Noirmont, gab das Naturschutzjahr 1970 neue Impulse, und am 29. Juni 1971 fand im Passgasthaus auf dem Marchairuz die entscheidende Sitzung zwischen LVPN sowie den betroffenen Gemeinden und Grundbesitzern statt.

Schon bald wurde durch Vertrag ein Kerngebiet unter Schutz gestellt; es folgten mehrere Erweiterungen. Im Schutzvertrag ist festgehalten, dass auf jede Bautätigkeit, die nicht der Alp- oder Forstwirtschaft dient, verzichtet wird, ausserdem sei eine Einschränkung des Motorfahrzeugverkehrs und der Militärtätigkeit anzustreben. Für vier Naturschutzgebiete in engerem Sinn (Waldreservat Mont Sâla und die drei Feuchtbiotope Creux du Croue, Sèche des Amburnex und Marais de la Sèche de Gimel) gelten die üblichen, strengeren Schutzbestimmungen. Heute umfasst der Parc jurassien vaudois

Nur dann und wann zeugt ein Gehöft von menschlicher Tätigkeit in der Waldeinsamkeit.

rund 40 Quadratkilometer im Bereich des Jura-Hauptkammes zwischen dem Col de la Givrine im Südwesten und dem Col du Marchairuz im Nordosten.

Mit Absicht wird die traditionelle land- und forstwirtschaftliche Nutzung im Parc weitergeführt, handelt es sich doch nicht um eine reine Naturlandschaft, sondern um eine naturnahe Kulturlandschaft, durch das jahrhundertelange Wirken des Menschen geprägt. Mancher moderne Stadtbewohner indes hält das weiträumige Ensemble von Wald und Weide für «Natur pur», und so etikettieren wir denn hier ohne schlechtes Gewissen diese Region als Naturpark. Gleicher Ansicht ist auch die LVPN, die ihr Schutzgebiet gerne als «Parc naturel» bezeichnet.

Parc jurassien vaudois

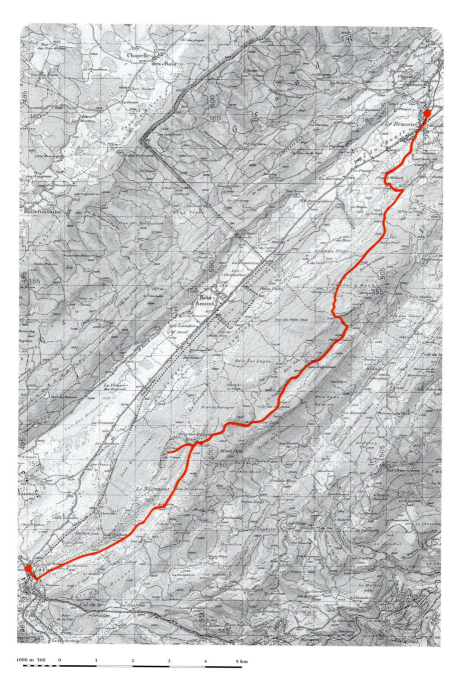

...aber kein Nationalpark

Es ist ganz interessant, den Parc jurassien vaudois mit dem 1914 entstandenen Schweizerischen Nationalpark im Unterengadin zu vergleichen:
- Den Nationalpark besuchen jährlich rund eine Viertelmillion Touristinnen und Touristen. Für den Parc jurassien gibt es keine Statistik, doch dürfte die Besucherzahl viel geringer sein.
- Im Nationalpark ist jede Nutzung untersagt. Der Parc jurassien kennt eine blühende Alpwirtschaft mit Hunderten von Kühen und Rindern sowie einen regelmässigen Holzschlag.
- Beim Nationalpark sind die Grenzen markiert; überall weisen Schilder auf die Schutzvorschriften hin, und Patrouillen uniformierter Parkwächter sorgen für deren Einhaltung. Beim Parc jurassien weiss man nie genau, ob man sich noch im Innern des Schutzgebietes befindet, und die Bewahrung von Natur und Landschaft ist weitgehend dem guten Willen anheimgestellt.
- Der Nationalpark kennt strikte Verbote (Wege dürfen nicht verlassen werden, Feuer anzünden und Campieren sind nicht erlaubt usw.). Im Parc jurassien hingegen wird die Bewegungs- und Handlungsfreiheit viel weniger stark eingeschränkt; immerhin sind die Touristen gebeten, nicht mit Motorfahrzeugen auf den Alpsträsschen herumzufahren, die Hunde an der Leine zu führen, keine Abfälle liegenzulassen und beim Skilanglauf auf den Pisten zu bleiben.
- Dass die Armee im Nationalpark Schiessübungen abhalten würde, gilt als undenkbar. Im Parc jurassien aber befinden sich einige Schiessplätze für Infanteriewaffen; der Bau bereits geplanter Stellungen für Schützenpanzer liess sich im letzten Moment verhindern.

Erbstück des Jurameeres

Obwohl, wie erwähnt, gegen 2000 Millimeter Jahresniederschlag in Form von Regen oder Schnee über dem Parc jurassien vaudois niedergehen, kennt das Gebiet kaum Fliessgewässer. Fast alles Wasser versickert im klüftigen Kalkuntergrund. Die meisten Alpwirtschaftsgebäude sind deshalb für die Wasserversorgung auf Zisternen angewiesen, die den Regen sammeln. Eine Art natürlicher Zisternen entstanden dort, wo lehmiger Boden eine undurchlässige Schicht bildet.

Hier konnten sich aus seichten – inzwischen verlandeten – Seen zuerst Flachmoore und dann Hochmoore entwickeln.
Vor 150 Millionen Jahren sah die Landschaft ganz anders aus. Das heutige Parkgebiet war vom Jurameer des Erdmittelalters bedeckt. In diesem Ozean lagerten sich jene hellen Kalke ab, aus denen nun das Fundament des Parc jurassien vaudois besteht. Die Kalkschichten wurden vor 10 Jahrmillionen durch Kräfte aus dem Erdinnern emporgehoben und in grosszügige Falten gelegt. Seither ist die Erosion mit ihrem Abtragungswerk in Aktion: Wo Wind und Wetter angreifen, lässt sich die Verwitterung im Gelände gut beobachten. Manchmal wird dabei eine Meeresversteinerung freigelegt – der Beweis, dass diese Landschaft ihren Ursprung in einem warmen Ozean hat.

Flora und Fauna

Der Parc jurassien vaudois hat zu jeder Jahreszeit seinen Reiz; für unsere Wanderung empfiehlt sich das Sommerhalbjahr. Freundinnen und Freunde der Pflanzenwelt mögen dabei den verhältnismässig späten Frühlingsbeginn in Rechnung stellen. Wenn am Jurafuss längst schon alles grünt und blüht, herrschen auf den rauhen Höhen oft noch spätwinterliche Bedingungen mit vereinzelten Schneefällen bis in den Mai hinein. Doch dann setzt auch im Hochland die Flora zur farbenprächtigen Parade an, und die Magerwiesen überziehen sich mit Blumen. Jetzt müsste man Schmetterling sein! Nach kurzem Sommer kündet sich schon früh der Herbst an, mit violetten Herbstzeitlosen und taufunkelnden Silberdisteln auf den Weiden sowie einer reichhaltigen Pilzgesellschaft im Wald.
Von der Tierwelt – die Viehherden nicht gerechnet – fallen am ehesten wohl die Ameisen auf. Um ungestört picknicken zu können, lohnt es sich, den Rastplatz sorgfältig auszusuchen – in respektvoller Entfernung von den Riesenhaufen. Im Schutzgebiet bilden die Ameisen sogenannte Superkolonien, und ihre Bauten ziehen Insektenforscher von weither an.
An den hier allgegenwärtigen Ameisen laben sich andere einheimische Tiere, etwa der muntere Schwarzspecht. Bussarde, Sperber sowie der seltene Falke hingegen bevorzugen grössere Beute, ebenso die nachts jagenden Eulen.
Ein Naturpark ist kein Zoo, wo sich die Tiere zu zeigen haben. Deshalb tun Besucherinnen und Besucher gut daran, ihre Chancen zur Beobachtung durch sorgsames Verhalten zu erhöhen: keine auffälligen

Blick zu zweit auf einen idyllischen Sonnenuntergang.

Kleider, kein unbedachtes Herumtrampeln, kein lautes Wort … und natürlich sollte man einen Feldstecher dabeihaben. Doch auch so bleibt es ein Glücksfall, beispielsweise das scheue Auer- oder Rebwild zu sichten. Mehr Erfolg verspricht die optische Pirsch auf Haarwild: Weil der Park Jagdbanngebiet ist, sind Dachs und Fuchs, Reh und Hase, Hirsch (freilich nur in geringer Zahl vorkommend) und Gemse weniger scheu als in Regionen, wo des Waidmanns Büchse knallt. Bekommt man kein Tier zu Gesicht, trifft man bestimmt auf Spuren – die Wühlarbeit der Wildschweine etwa lässt sich kaum übersehen.

Eine Spezialität ist die aus dem Wallis in den Waadtländer Jura verpflanzte Murmeltierkolonie. Ebenfalls ausgesetzt wurden Luchse, doch scheinen sie sich hier nicht so recht wohl zu fühlen. Gut akklimatisiert dagegen haben sich die aus Frankreich eingewanderten Wildkatzen.

Parc jurassien vaudois

Informationen

Route	La Cure – Parc jurassien vaudois – Le Brassus.
Anreise	Von Lausanne mit den SBB nach Nyon, von dort mit der Schmalspurbahn via St-Cergue nach La Cure.
Rückreise	Von Le Brassus mit der Bahn nach Lausanne, die meisten Verbindungen mit Umsteigen in Le Day.
Wanderzeit	Volle Tagestour mit manchen, aber meist nur mässigen Höhenunterschieden.
Karten	Landeskarte der Schweiz 1:25 000, Blätter 1240 «Les Rousses», 1241 «Marchairuz», 1221 «Le Sentier».
Gaststätten	La Cure, Le Brassus.
Jahreszeit	Mai bis Oktober.
Besonderes	Längere Wanderung mit weiter Anreise aus der Deutschschweiz, deshalb Ausflug mindestens zweitägig anlegen, mit Übernachten in St-Cergue oder La Cure, allenfalls auch in Le Brassus. Identitätskarte mitnehmen.
Internetlink	www.parcjuravaudois.ch

32 BINNTAL
• STEINMATTEN – TWINGISCHLUCHT – BINN – FÄLD – MINERALIENGRUBE LENGENBACH – FÄLD – BINN

Durchs Binntal im Oberwallis

Des Herrgotts schöne Schatzkammer

Oft wochenlang abgeschnitten

Lange Zeit war das Binntal im Oberwallis von der Aussenwelt weitgehend isoliert. So erhielt sich im Südosten von Fiesch ein kleines Naturparadies, seines Mineralienreichtums wegen auch «des Herrgotts Schatzkammer» genannt.

Bis 1938 bedeutete die Reise nach Binn ein kleines Abenteuer. Ein Saumpfad nur, keine zwei Meter breit, verband das Haupttal des Goms via Ernen mit der Talkammer. Erst unmittelbar vor dem Zweiten Weltkrieg wurde eine Fahrstrasse gebaut. Aber noch immer unterbrachen im Winter die Lawinen oft wochenlang jede Verbindung. Die genügsame Bevölkerung nahm solche Naturereignisse gelassen hin und lebte nach wie vor zu einem guten Teil von der Selbstversorgung.

Eine neue Zeit brach 1964 an. Durch die Twingischlucht wurde ein zwei Kilometer langer Strassentunnel gebaut und dadurch die Lawinengefahr von der Verbindungsstrasse abgewendet. Die ungepflästerte Fahrstrasse längs steilabfallender Felswände blieb erhalten und dient heute als Wanderweg. Uns bietet sie einen eindrücklichen Zugang zu den Naturwundern des Binntals.

Von Fiesch führt eine Autobuslinie über Ernen nach Binn. Bei der Haltestelle Steinmatten am Westende der Twingischlucht steigen wir aus und schultern den Rucksack. Uns steht eine rund fünfstündige Wanderung mit 400 Meter Steigung und 300 Meter Gefälle bevor. Sie führt zuerst durch die Schlucht nach dem Dorf Binn (dort Möglichkeiten zum Mittagessen im Restaurant), dann am nördlichen Talhang entlang zum Weiler Fäld, von dort zur weltbekannten Mineraliengrube Lengenbach und schliesslich am Südufer der Binna entlang zurück nach Binn.

Naturschönheit als Kapital

Die erste Wanderstunde verläuft ohne jähe Steigung auf der alten, jetzt autofreien Strasse durch die Twingischlucht. Der Motorfahrzeugverkehr verzieht sich in den Tunnel und lässt uns Fussgänger ungestört die Landschaft geniessen – eine ideale Lösung. Tief ist die Schlucht in bröckligbraunen Schiefer eingeschnitten, der die Bergkette Breithorn – Eggerhorn aufbaut. Bündnerschiefer sei es, sagen die Geologen. Sie haben herausgefunden, dass sich eine Zone solchen Gesteins aus dem Bündnerland bis hierher ins Oberwallis zieht. Es soll nicht die einzige erdgeschichtliche Überraschung des heutigen Tages bleiben. Getreulich folgt das Strässchen allen Einbuchtungen und Ausstülpungen des Geländes und gibt immer wieder den Blick hinunter in die Abgründe der Twingischlucht frei, wo der Lawinenschnee stellenweise noch bis weit in den Sommer hinein liegenbleibt. Dann eine Biegung nach links, und endlich öffnet sich das Binntal. Ein Ausgleichsbecken kündet von der Nutzung der Wasserkraft und passt gar nicht schlecht ins Landschaftsbild. Solange der schäumende Talbach im Binntal selber noch frei fliessen kann, sind solch mässige Eingriffe zu ertragen.

Dass es zu einem Ausverkauf der Fliessgewässer kommen könnte, ist allerdings nicht zu befürchten. Im Binntal hat man erkannt, welches Kapital die Naturschönheiten darstellen. Wer mit «grünen» Argumenten Touristen gewinnen will, muss zu seiner Umwelt Sorge tragen. Und hier steht es in dieser Hinsicht tatsächlich noch gut. Bester Beweis ist die Aufnahme des ganzen Tales ins Bundesinventar der Landschaften und Naturdenkmäler von nationaler Bedeutung (BLN). Als Begründung wird angegeben: «Besonders schönes, durch Eingriffe nicht beeinträchtigtes Alpental mit kleinen Seen. Geologisch sehr vielseitig; einzigartiges Fundgebiet für Mineralien. Aussergewöhnlich reiche Pflanzenwelt.»

Im Binntal hat sich eine harmonische Verbindung von Natur und Kultur erhalten können.

Das Binntal ist ein Wanderparadies!

Wanderparadies in ruhigem Grün

Tourismus ist neben der Berglandwirtschaft ein wichtiger Erwerbszweig im Binntal. Allerdings eignet es sich wegen der Lawinengefahr kaum für den Skibetrieb. So bleibt der Fremdenverkehr im Sommer, der hauptsächlich vom landschaftsschonenden Wandern getragen wird.

Tatsächlich ist das Tal ein Wanderparadies. In einer von beruhigendem Grün geprägten Umgebung sind Häusergruppen verstreut, als hätte sie der Herrgott persönlich bei der Erschaffung der Erde hierhergesetzt: Sie gehören einfach dazu. «Ze Binne» heisst der erste Weiler, den wir nach Verlassen der Twingischlucht antreffen. Um eine Kapelle scharen sich sonnenverbrannte Holzhäuser im traditionellen Oberwalliser Stil. Eine Viertelstunde später ist Wilere mit der auf aussichtsreicher Kuppe gelegenen Pfarrkirche erreicht. Ein Blick zurück aufs Breithorn, das über dem Talausgang thront, und ein Blick voraus auf Schmidigehischere (Schmidigenhäusern), den

Hauptort, der heute meist kurzerhand auch Binn genannt wir. Hier sind die zentralen Dienste anzutreffen: die Post, die Ladengeschäfte, die Gemeindeverwaltung, das 1883 eröffnete Hotel Ofenhorn. Bei seinem Bau im letzten Jahrhundert musste es neben den bescheidenen Holzhäusern fast wie ein Fremdkörper erschienen sein. Heute hingegen wirkt der nostalgische Kasten, vergleicht man ihn mit den Sünden moderner Hotelarchitektur anderswo in den Alpen, geradezu sympathisch.

Fremde kommen ins Tal

In der Tat möchte das Binntal bleiben, was es ist: ein von Grundstückspekulation, Chalet-Boom und Verschandelung durch Betonburgen verschontes Alpenparadies. Aus diesem Grund hat Binn 1985 auch den Schweizerischen Landschaftsschutzpreis zugesprochen erhalten. Ganz ohne Beeinträchtigungen indes geht es nicht. Heutzutage müssen auch Paradiese Kompromisse eingehen. Gleich bei der historischen Bogenbrücke in Binn ist ein grosser Parkplatz erstellt worden, wo an schönen Tagen Hunderte von Blechkarossen in der Sonne braten. Sonnenbäder auch weiter oben im Tal bei dem gerne von Ausländern benutzten Campingplatz. «Das Zeltlervolk bringt dem Tal wirtschaftlich wenig», hört man im Dorf klagen. «Da gibt es Familien aus Holland, die schleppen alles bis zur letzten Konservenbüchse mit und kaufen kaum etwas hier.»
Die ersten Fremden, die ins Binntal kamen, waren freilich keine Touristen, sondern Geologen. Im Jahre 1728 suchten zwei Engländer im Auftrag der Walliser Regierung nach Eisenerz. Am Lengenbach, etwa einen Kilometer südöstlich des Weilers Fäld (früher Imfeld geschrieben), wurden sie fündig. In einer Gesteinsschicht aus weissem, zuckerkörnigem Dolomit entdeckten sie Pyrit.

Katzengold als Souvenir

Dieses Mineral heisst im Volksmund «Katzengold» und ist eine Verbindung von Eisen mit Schwefel. Die Engländer gruben einen Stollen, um das Rohstoffvorkommen genauer zu untersuchen – und mussten dann das Binntal fast fluchtartig verlassen, weil sie, als Nichtkatholiken, das Misstrauen des frommen Volkes geweckt hatten.
Rund ein Jahrhundert lang fiel das Tal wieder in seinen Dornröschenschlaf zurück... bis dann Mineralogen auf der Halde vor dem

Engländerstollen bisher unbekannte Mineralien sammelten. Dies war der Beginn einer erstaunlichen Karriere: Am Lengenbach wird heute ein kleines Bergwerk betrieben, wobei es nicht um den Abbau von Erz, sondern um das Gewinnen seltener Mineralien geht. Betrieben wird die Grube von einer Arbeitsgemeinschaft, der neben einheimischen Strahlern auch auswärtige Mineralienfreunde und wissenschaftliche Institutionen angehören.

Steigen wir also zu dieser erdgeschichtlich so interessanten Stelle auf 1700 m ü. M. hinauf. Von Binn her sind wir auf schmalem Pfad dem Nordhang des Tales entlanggewandert und haben beim Weiler Fäld die schäumende Binna überquert. Fast 200 Höhenmeter geht es anschliessend recht steil bergauf. Von weitem schon ist eine helle Halde zu sehen, wo der zuckerkörnige Dolomit nach dem Abbau deponiert wird. Hier dürfen Amateure nach Herzenslust Steine zerklopfen in der Hoffnung, auf eine Rarität zu stossen. Tatsächlich finden sich für die Naturaliensammlung zu Hause mindestens einige Körner des leuchtenden Katzengoldes. Wer Glück hat, kann auch etwa einen roten Realgar in den Rucksack stecken.

Die Grube selbst ist für das Publikum gesperrt – begreiflich, werden dort doch seltene Sulfosalze aus dem Gestein gefördert. Sie sind bei Kennern in der ganzen Welt ein Begriff. Etliche dieser Sulfosalze (alle enthalten neben Schwefel auch Arsen) wurden hier am Lengenbach entdeckt, und für einige von ihnen sind auf der ganzen Erde keine weiteren Vorkommen bekannt. Dies erklärt auch, warum Sammlerinnen und Sammler selbst aus fremden Kontinenten anreisen, um sich mit den Raritäten einzudecken. Auch auf der Halde jedoch lassen sich schöne Funde tätigen, und wer damit noch nicht zufrieden ist, vervollständigt vor der Rückfahrt seine Kollektion im Mineraliengeschäft von Binn.

Informationen

Route	Autobushaltestelle Steinmatten zwischen Fiesch und Binn – Twingischlucht – Binn – Nordufer der Binna – Fäld – Mineraliengrube Lengenbach – Fäld – Südufer der Binna – Binn.
Anreise	Von der Bahnstation Fiesch der Matterhorn-Gotthard-Bahn mit dem Autobus zur Haltestelle Steinmatten am Ausgang der Twingischlucht.
Rückreise	Von Binn mit dem Autobus nach Fiesch.
Wanderzeit	5 Stunden mit 400 Meter Steigung und 300 Meter Gefälle.
Variante	Auf das erste Teilstück durch die Twingischlucht verzichten und die Wanderung erst in Binn beginnen lassen, etwa anderthalb Stunden weniger.
Karten	Landeskarte der Schweiz 1:25 000, Blatt 1270 «Binntal».
Gaststätten	Binn, Fäld.
Jahreszeit	Sommer und Herbst.
Besonderes	Für das Mineraliensammeln bei der Grube Lengenbach Hammer, Meissel und Lupe einpacken.
Internetlink	www.landschaftspark-binntal.ch

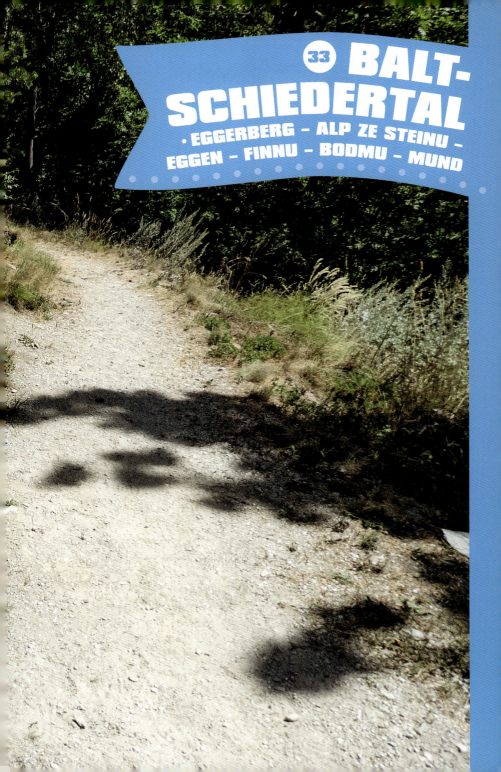

33 BALT-SCHIEDERTAL
• EGGERBERG – ALP ZE STEINU – EGGEN – FINNU – BODMU – MUND

Naturelemente und Berglandschaft

Von Eggerberg ins Baltschiedertal

Bachblüten am Wegrand

Erde, Wasser, Luft und Feuer – die vier klassischen Naturelemente – lassen wir an der Lötschberg-Südrampe auf uns einwirken. Der Weg führt zuerst ins Baltschiedertal, dann durch Bergwald und später an sonnenverbrannten Speichern vorbei: Wallis, wie es im Bilderbuch steht.

Von der BLS-Haltestelle Eggerberg verläuft der erste Teil der Tour bis zum Eingang ins Baltschiedertal auf dem vielbegangenen Trassee der «offiziellen» Lötschberg-Südrampe (Hohtenn – Ausserberg – Eggerberg – Lalden oder umgekehrt). Kurz nach Beginn unserer Wanderung erreichen wir einen zwar nur kurzen, aber um so originelleren Bachblüten-Lehrpfad. Hier sind drei Dutzend Pflanzen zu sehen, die der britische Naturheilarzt Eduard Bach für seine Blütentherapie verwendet – zum Beispiel gegen Stress die Essenz von weisser Rosskastanie.

Nach dem Bachblüten-Lehrpfad unterqueren wir die Geleise der auf Doppelspur ausgebauten Lötschbergbahn und kommen in Kontakt mit dem Thema «Erde». Wie mit einem Schwerthieb ins Gebirge gehauen erscheint das enge Baltschiedertal, Zeugnis von geologischen Gewalten ablegend. Während der Südrampen-Wanderweg Richtung Ausserberg gegen Westen (also nach links) abzweigt, stossen wir weiter nach Norden ins Tal vor.

Vier enge Einschnitte gliedern das Bietschhorngebiet: Jolital, Bietschtal, Baltschiedertal und Gredetschtal. Aus allen strömen Wildbäche der Rhone zu, und alle stehen sie samt dem dominierenden (doch vom Talgrund aus nur selten zu sehenden) Bietschhorn mit seinen 3934 m ü. M. unter Landschaftsschutz. Das Baltschiedertal war eine Weile lang sogar Kandidat für die Einrichtung eines weiteren Nationalparks in der Schweiz. Das Vorhaben wurde aber fallengelassen. Schade, denn zweifellos wäre die alpine Landschaft im Oberwallis eine gute Ergänzung zum Nationalpark im Unterengadin gewesen.

Lebenselement Wasser

Schritt um Schritt erwandern wir auf schmalem Pfad das wilde Tal. Plötzlich gurgelt's am Hang: eine Wasserleitung! So erleben wir das zweite Naturelement, welches hier eine andere Bedeutung hat als auf der regenreicheren Alpennordseite. Weil der Niederschlag im trockenen Wallis nicht ausreicht, müssen die Bergbauern ihre Felder und Wiesen künstlich bewässern. Suonen heissen die Wasserleitungen, welche das kostbare Nass aus den Seitentälern heranführen. Bei der Alp Ze Steinu auf 1287 m ü. M. heisst es umkehren. Zwar geht das Baltschiedertal noch weiter (fast endlos, wie die Alpinisten klagen, denen der Anstieg gegen das Bietschhorn gar lang wird…) – doch wir haben inzwischen einen guten Eindruck von diesem Landschaftstyp gewonnen und möchten heute noch andere Regionen an der Lötschberg-Südrampe kennenlernen. Drei Kilometer geht es also auf nunmehr vertrauter Route, aber mit ganz anderem Blickwinkel nach Süden zurück gegen das Bahnviadukt, dann beginnt unweit der Höhenkote 916 (Brücklein über den Baltschiederbach) der Aufstieg zum Weiler Eggen. Vom Versuch, entlang der Suone am östlichen Talhang bei den Felsabstürzen direkt nach Eggen zu gelangen, sei abgeraten.

Suonen heissen Wasserleitungen, welche die Felder und Wiesen der Bergbauern bewässern.

Kühlender Bergwind

Bald wird nun nach Erde und Wasser das Naturelement Nummer drei aktuell, die Luft: Der Aufstieg über die Weiler Eggen und Finnu beträgt satte 600 Höhenmeter. Viele Liter Sauerstoff strömen da in

Wo Wasserleitungen – die Suonen – unterirdisch verlaufen, bilden sich in kalten Nächten Eiszapfen.

unsere Lungen, und wer unterwegs eine Rast einlegt, kann sich vom Bergwind die schweissbedeckte Stirn kühlen lassen. Interessant übrigens, wie bei schönem Wetter im Verlauf des Tages die Windrichtung ändert. Am Vormittag zirkuliert eine Strömung das Rhonetal abwärts, am Nachmittag dann wechselt der Wind und weht talaufwärts.

Zwischen Finnu und Bodma, einem weiteren Walliser Weiler mit Speichern aus sonnengebräuntem Holz, wird bei 1467 m ü. M. der geographische Höhepunkt des Tages erreicht. Auch landschaftlich ist die Stelle grossartig – mit einem von Bergwald gesäumten Panorama auf Gipfel und Täler. Wie schade, kennen viele Wandernde nur gerade die «offizielle» Lötschberg-Südrampe den BLS-Gleisen entlang: Hier oben findet sich eine lohnende Variante, die freilich, wie gesagt, mit einem ordentlichen Anstieg verdient sein will.

Safran für Reis und Brot

Doch fortan geht es abwärts, dem Wanderziel Mund entgegen. Unterwegs als viertes Naturelement das Feuer: Nun brennt die Walliser Sonne kraftvoll auf die südexponierte Flanke, wo sich, diesen Umweltbedingungen angepasst, eine Vegetation der Felsensteppe mit wärmeliebenden Pflanzen angesiedelt hat.

Auch die Leute des Bergdorfes Mund mussten mit speziellen Widrigkeiten fertigwerden. Wie eine Sage erzählt, hatte der Teufel geschworen, er werde die Siedlung zerstören. Mehrere Anläufe schlugen fehl, doch da wälzte Satan einen gewaltigen Steinbrocken heran. Im letzten Augenblick konnte eine fromme Frau das Kreuz darüberschlagen. So blieb der Teufelsstein im Hang über dem Dorf stecken ... Spezialitäten von Mund sind übrigens Safranreis und Safranbrot, denn hier wird als einzigem Ort in der Schweiz dieses kostbare gelbe Gewürz angebaut.

Informationen

Route	BLS-Bahnhaltestelle Eggerberg an der Lötschberg-Südrampe – Baltschiedertal bis zur Alp Ze Steinu – zurück gegen das Bahnviadukt – Eggen – Finnu – Bodmu – Mund.
Anreise	Mit dem Regionalzug der BLS ab Brig oder Goppenstein nach Eggerberg.
Rückreise	Mit dem Postauto von Mund nach Brig, von dort mit der BLS Richtung Goppenstein – Bern oder SBB-Rhonetallinie.
Wanderzeit	6 Stunden mit 900 Meter Steigung und 700 Meter Gefälle.
Variante	Von Finnu auf halbem Weg mit dem Postauto nach Eggerberg oder nach Visp.
Karten	Landeskarte der Schweiz 1:25 000, Blätter 1288 «Raron» und 1289 «Brig».
Gaststätte	Eggerberg, Mund.
Jahreszeit	Sommer und Herbst.
Internetlinks	www.eggerberg.ch, www.baltschieder.ch

34 TURT-MANNTAL

- OBEREMS – TURTMANNTAL – ERGISC

Wo die Gemsmütterlein wohnen

Durchs sagenhafte Turtmanntal

Unberechenbare Naturgewalten

Wie jedes Bergland kennt auch das Wallis eine reiche Sagenwelt. Diese Überlieferungen spiegeln die jahrhundertelange Auseinandersetzung des Menschen mit seiner Umwelt – was früher konkret bedeutete: mit oft unberechenbaren und deshalb auch als bösartig erlebten Naturgewalten. Während wir die Natur zur Erholung aufsuchen und ihre Erscheinungen vorwiegend als harmonisch empfinden, war die Bergbevölkerung bis vor kurzem noch ganz ihren Launen ausgeliefert. So bedeutete ein zu trockenes oder zu nasses Jahr Nahrungsmangel oder gar Hungersnot; Stürme, Lawinen und Hochwasser zerstörten Kulturen und Heimstätten. Kein Wunder, versuchte man solche Unwägbarkeiten zu erklären, indem man hinter den Kräften von Wind und Wetter, Wasser und Wald allerhand Gestalten wirken sah. Auf unserer Walliser Wanderung im Turtmanntal an der Südflanke des Rhonetals wollen wir einige dieser Sagen kennenlernen. Der alte Dorfkern von Turtmann liegt eine Viertelstunde von der Bahnstation entfernt. Steil steigen gegen Süden die Felswände empor, teils nackt, teils mit Wald oder Rebbergen bedeckt. Eine Luftseilbahn trägt uns zum Dörfchen Oberems auf rund 1300 m ü. M. hinauf, wo die Wanderung ins Turtmanntal beginnt.
Wir schauen uns kurz die sonnenverbrannten Holzhäuser an und folgen dann dem alten Talweg, der unterhalb der Strasse verläuft. Bald umfängt uns tiefe Einsamkeit. Der Blick geht über das Rhonetal zu den Bergen auf der anderen Seite. Zwischen Torrenthorn im Westen und Bietschhorn im Osten klafft die Furche des Lötschentals.

Der Geisshirt im Kochtopf

Immer tiefer dringen wir ins Tal mit seinem typischen V-förmigen Querschnitt vor. Diese Talform hat die wilde Turtmänna im Zusammenspiel mit dem Gesteinsuntergrund geschaffen: Wo Wasser durch

Sonnenverbrannte Holzspeicher in Oberems.

Schieferschichten fliesst, entsteht ein solches V-Tal, weil die Hänge zu beiden Seiten immer wieder nachrutschen. Der Schiefer bildet fruchtbaren Boden, und früher war der Steilwald über der Turtmänna fleckenartig von Heuwiesen und Alpweiden durchsetzt. Heute ist die landwirtschaftliche Nutzung zurückgegangen, und auf mancher Parzelle kommen Büsche und Bäume hoch.

In dieser Gegend, so erzählen alte Leute in Oberems, wohnen die Gemsmütterlein. Trotz des putzigen Namens sind es böse, menschenfressende Gestalten. Einst packten sie einen Geisshirten, der mit seiner Herde auf unserem Weg ins hintere Turtmanntal zog. Sie sperrten ihn ein, nährten ihn, damit er fett werde, mit süsser Gemsmilch und setzten schon den Kessel übers Feuer, um ihn darin zu sieden. Als die Weiblein weiteres Holz herbeitragen mussten, konnte sich der Bursche mit letzter Kraft befreien. Die Gemsmütterlein rannten ihm nach, doch er erreichte das Dorf, bevor sie ihn wieder einfangen konnten.

Heute muss niemand mehr die Gemsmütterlein fürchten; seit vielen Jahrzehnten hat man keine Spur mehr von ihnen entdeckt. Getrost

Was hat uns wohl diese Tatze zu erzählen?

dürfen wir also unseren Weg fortsetzen. Nach etwa einer Wanderstunde senkt sich dieser durch den Toibuwald (Taubenwald) zur Turtmänna hinunter. Auf schmalem Steg geht es hinüber ans Ostufer des schäumenden, kalt-klaren Wassers. Fortan verläuft die Route wieder talauswärts, dem Dorf Ergisch entgegen. Eine Wasserleitung, Suone, ist uns auf drei Kilometern eine treue Begleiterin. Sie führt das kostbare Nass aus der Turtmänna dem Hang entlang und leitet es auf die dürstenden Wiesen von Ergisch. Die Bewässerungswirtschaft hat hier in der regenärmsten Zone der Schweiz, wo der Jahresniederschlag oft kaum mehr als 50 Zentimeter erreicht (im Mittelland ist es das Doppelte), eine jahrhundertelange Tradition. Bau und Unterhalt der Suonen geschehen in Gemeinschaftsarbeit der Dorfbevölkerung. Auf diese Weise nur – gemeinsam gegen die Härten der Natur – lässt sich dem Boden genügend Ertrag abringen.

Wo das Wasser herkommt

Auch über die Wasserleitung, in der es munter plätschert, gibt es eine Sage. Vor langer Zeit pflegte das Wasser im Sommer, wenn es am dringendsten benötigt wurde, zu versiegen. Ein grobschlächtiger Senn half dann dem Übelstand ab. Dies kam so: Zuhinterst im Turtmanntal lag einst eine schöne Alp, welche die besten und grössten Käselaibe des Tales lieferte. Doch der Senn war hartherzig gegen Tiere wie auch gegen Menschen. So strich er einmal, um sich einen Scherz zu erlauben, seinem blinden Vater Kuhmist aufs Brot. Die Strafe folgte auf dem Fuss. In der nächsten Nacht bedeckten Eisblöcke die ganze Alp, und seither bleibt der hinterste Teil des Turtmanntals vergletschert. Dieser Gletscher nun spendet auch im Sommer genügend Wasser für die Wiesen von Ergisch – je heisser es ist, desto mehr. Einige Stellen längs der Wasserleitung erfordern Trittsicherheit, weil das Terrain unmittelbar daneben steil zur Turtmänna abfällt. Kinder seien zur Vorsicht gemahnt – herumtollen können sie dann später wieder. Wer die Landschaft betrachten möchte, bleibt

Turtmanntal

auf diesem Wegstück dazu lieber stehen. Besonders lohnend ist der Blick hinüber auf die Westflanke des Turtmanntales. Die Bergkette über Oberems bildet die Grenze zwischen deutschsprachigem Oberwallis und französischsprachigem Unterwallis. Jenseits liegt das Val d'Anniviers, das bei Siders (Sierre) von Süden her ins Rhonetal mündet. Die zwei, drei Kilometer vor Ergisch zählen zu den beeindruckendsten der Wanderung. Wild und steil ist das Gelände, ausser Fels und Wald gibt es nichts. Weg und Wasserleitung drücken sich wie schutzsuchend an die Wand. Bei schlechtem Wetter oder gar in der Nacht muss es recht ungemütlich sein.

Das wissen auch die Einheimischen, die sich erzählen, dass man hier einer unheimlichen Katze begegnen könne. Ein Alphirt, der keine Furcht kannte, hob einmal die Katze auf, um sie nach Hause zu tragen. Doch unterwegs wurde das Tier immer grösser. Seine Haare begannen in der Dunkelheit zu leuchten, und in Panik liess der Hirt das Ungeheuer fahren. Er wurde danach lange krank und wäre beinahe gestorben.

Die Geschichte von der Katze mag, wie so manche Sage, einen wahren Kern haben. In der Waldeinsamkeit des Turtmanntales nämlich hielten sich Luchse länger als anderswo. Doch gegen Ende des 19. Jahrhunderts wurde der letzte Luchs im Wallis erlegt. Die Jäger sahen in dem Raubtier einen Konkurrenten, und die Bauern verfolgten ihn als Schafräuber. Seit einigen Jahren nun leben wieder einige ausgesetzte Luchse im Turtmanntal. Wir Wandernde werden die scheuen Tiere allerdings kaum zu Gesicht bekommen, während wir dem Wanderziel Ergisch zustreben.

Turtmanntal

Informationen

Route	Oberems – Turtmanntal – Ergisch.
Anreise	Mit der SBB-Rhonetallinie Lausanne – Brig nach Turtmann, von dort mit der Luftseilbahn nach Oberems.
Rückreise	Von Ergisch mit dem Autobus zur SBB-Station Turtmann. An Sonn- und Feiertagen nur wenige Verbindungen.
Wanderzeit	3 Stunden mit wenig Steigung und 300 Meter Gefälle.
Variante	Ab Ergisch Abstieg zur Bahnstation Turtmann, etwa anderthalb Stunden. Oder ab Ergisch in zwei Stunden weiter ostwärts nach Eischoll wandern, dann mit der Luftseilbahn hinunter nach Raron an der SBB-Rhonetallinie.
Karten	Landeskarte der Schweiz 1:25 000, Blätter 1287 «Sierre» und 1288 «Raron».
Gaststätten	Turtmann, Oberems, Ergisch.
Jahreszeit	Sommer und Herbst.
Besonderes	Die Wanderung entlang der Ergischer Wasserleitung verläuft stellenweise exponiert. Vorsichtig gehen und Kinder zu Disziplin anhalten.
Internetlink	www.turtmanntal.ch

35 EUSEIGNE

• VEX – TALFLUSS LA BORGNE – COMBIOULA – ERDPYRAMIDEN – EUSEIGNE

Die Erdpyramiden von Euseigne

Kühne Türme mit lustigen Hüten

Anstieg vom Tal her

Hier im Mittelwallis südlich von Sitten wird auf den ersten Blick klar, warum im BLN-Inventar der etwas altertümlich anmutende Ausdruck «Naturdenkmäler» auftaucht: Wenn irgendeine Naturerscheinung in der Schweiz diesen Namen verdient, dann sind es gewiss die Erdpyramiden von Euseigne.

Wo das Val d'Hérens (Eringertal) und das Val d'Hérémence zusammentreffen, befindet sich ein nach Norden weisender Geländesporn, auf dem das Dorf Euseigne sitzt. Wenig westlich des Dorfes, direkt an der von Sitten heranführenden Strasse, stehen diese kühnen Türme, von denen manche als originellen «Hut» einen einzelnen Steinblock tragen. Wir nähern uns den Erdpyramiden von unten und erleben sie dadurch doppelt eindrücklich. Der Weg von Vex aus (950 m ü. M.) ist nicht zu verfehlen und lässt sich in wenigen Worten beschreiben: hinunter zum Weiler Combioula (693 m ü. M.) am Hérens-Talfluss La Borgne, wenig später Überquerung des von Südwesten her einmündenden Hérémence-Talbachs Dixence und Aufstieg zu den Pyramiden. Für die Zeit unterwegs nun einige historische Informationen über unser Wandergebiet.

Bären in den Obstbäumen

Vor 150 Jahren noch gehörten die südlichen Seitentäler des Wallis zu den am wenigsten bekannten Gegenden der Schweiz. Abgeschlossen von der Aussenwelt, eine eigene Sprache sprechend (heute unterhalten sich nur noch ältere Leute in ihrem Patois), misstrauisch gegen alles Fremde...so lebten die genügsamen Menschen ihr weltabgeschieden-naturverbundenes Dasein. Wer sie besuchen wollte, musste richtiggehende Expeditionen unternehmen. Deshalb warb der Zürcher Mineralogieprofessor Julius Fröbel, als er 1839 ins Val d'Hérens aufbrach, einen einheimischen Führer an.

«Einige Kinder hatten sich um uns versammelt», berichtet Fröbel, «welche uns mit offenem Munde anstaunten. Auf keine Frage gaben sie eine Antwort, obwohl mein Führer den Volksdialekt vollkommen sprach. Statt dessen kamen sie an mich heran und betasteten meine Kleider, mein Gepäck, meinen Stock usw. Da überhaupt nur wenige Fremde in das Eringer Thal kommen, ist ein Reisender hier eine seltsame und merkwürdige Erscheinung.»

Statt Touristen – heute willkommene Gäste – gab es damals noch Bären, wie Fröbel weiter erzählt: «Vor sechs Jahren ist hier ein gewaltiger Bär geschossen worden, welcher im Museum zu Sitten ausgestopft steht. Die Geschichte der Erlegung ist dadurch merkwürdig, dass einer der Jäger von dem angeschossenen Thiere erwürgt wurde. Einzelne Bären sind noch in den benachbarten Wäldern vorhanden. Freilich tun sie dem Vieh selten etwas zu Leide, und der wesentliche Schaden, den sie anrichten, ist, dass sie auf Obstbäume steigen, um Äpfel und Birnen zu verzehren, und dass sie die jungen Halme des Getreides abfressen.»

Die Erdpyramiden von Euseigne im Mittelwallis sind attraktive, aber vergängliche Naturdenkmäler.

Walliser Lokalpatriotismus

Die Erdpyramiden von Euseigne sind, wie so manche anderen Naturdenkmäler in der Schweiz, eine Hinterlassenschaft der Eiszeit. Am Geländesporn von Euseigne lagerten die aus dem Talhintergrund gegen Sitten vorgestossenen Gletscher lockeres Moränenmaterial, durchsetzt mit mächtigen Gesteinsblöcken, ab. Nachdem Lehm, Silt und Sand samt den eingelagerten Blöcken zu einer weisslichen Masse verbacken worden waren, setzte die Abtragung durch fliessendes Wasser ein. Bäche nagten die Moräne von Euseigne an, Regengüsse unterstützten die Verwitterung. Wo grosse Steine hervortraten, bewahrten sie das darunterliegende weichere Material vor dem Abtrag. Auf diese Weise entstanden die schlanken Türme, die mit der geometrischen Pyramidenform allerdings nicht viel zu tun haben.

Die grösste Ansammlung von Erdpyramiden in Europa befindet sich unweit von Bozen im Südtirol. Dies hinderte den Walliser Schriftsteller Ferdinand Otto Wolf allerdings nicht, anno 1890 aus Lokalpatriotismus die Pyramiden von Euseigne als «die berühmtesten und schönsten in der Alpenwelt» zu preisen.

Aus Wolfs Schilderung der «eigenthümlichen phantastischen Gebilde» hier ein kurzer Ausschnitt: «Man glaubt ein Zauberschloss zu erblicken. Die zarten, weissen, im Sonnenlicht leuchtenden Thürme sind hoch übereinander aufgebaut und die meisten derselben tragen auf ihrer Spitze einen grossen Felsblock, welcher die unter ihm sich befindende Erdmasse vor weiterer Auswaschung schützte. Einige dieser Hüte sind beim letzten Erdbeben abgeworfen worden, einige andere kommen nach und nach zum Vorschein.»

Kurzlebige Gebilde

Nach erdgeschichtlichen Massstäben sind die Erdpyramiden ausgesprochen kurzlebige Erscheinungen. Manche der Blöcke balancieren recht kühn auf ihren Unterlagen. Es ist eine blosse Frage der Zeit, bis sie herunterfallen und der Verwitterung Zugang bieten. Das Mittelwallis gehört zu den erdbebenreichsten Gebieten unseres Landes. Daher wirken Erdstösse aktiv bei der Zerstörung der Pyramiden mit. Ein Tip zum Schluss noch: So verlockend es auch sein mag, an den Erdpyramiden allerhand Kletterkünste zu versuchen – man verzichte besser darauf. Erstens stehen diese Naturdenkmäler unter Schutz, und zweitens besteht die Gefahr, in dem stellenweise bröckligen Gestein den Halt zu verlieren.

Informationen

Route	Vex ob Sitten/Sion – Abstieg zum Talfluss La Borgne – Combioula – Erdpyramiden – Dorf Euseigne.
Anreise	SBB-Rohnetallinie nach Sitten/Sion. Vom Bahnhofplatz mit dem Postauto nach Vex.
Rückreise	Von Euseigne mit dem Postauto nach Sitten/Sion.
Wanderzeit	2–3 Stunden, je 300 Meter Steigung und Gefälle.
Variante	Keine Wander-Variante zu empfehlen, aber Postautofahrt von Euseigne weiter ins urtümliche Val d'Hérens hinein bis Evolène und/oder Les Haudères.
Karten	Landeskarte der Schweiz 1:25 000, Blatt 1306 «Sion».
Gaststätten	Vex, Euseigne.
Jahreszeit	Frühling bis Spätherbst.
Internetlink	www.myswitzerland.com

36 VAL DE BAGNES

- FIONNAY – BONATCHIESSE – MAUVOISIN – STAUMAUER – ECURIE DE LA LIA – CHARMOTANE – MAUVOISIN

Geburtsstätte der Gletschertheorie

Hoch hinaus im oberen Val de Bagnes

150 Quadratkilometer unter Schutz

Ausgleichsbecken, Transformatoren, Kavernen, Masten, Drahtgewirr: In Fionnay, auf knapp 1500 m ü. M., wird bereits der eine Aspekt unserer Wanderung im Val de Bagnes augenfällig. Tatsächlich prägt die Elektrowirtschaft auch dieses Unterwalliser Seitental. Zusammen mit dem Tourismus löste die Stromgewinnung nach dem Zweiten Weltkrieg die Berglandwirtschaft als Haupterwerbsquelle ab. Wo früher auf der Hochebene von Mauvoisin Hunderte von Rindern weideten, erstreckt sich heute hinter einer kühn angelegten Bogenstaumauer ein langgestreckter See. Obwohl künstlich geschaffen, passt er gut in die imposante Hochgebirgslandschaft des obersten Talabschnittes.

Dieses Haut Val de Bagnes mit einer Fläche von gut 150 Quadratkilometern steht seit dem 13. September 1968 unter Schutz; gleichzeitig ist die Region eidgenössisches Jagdbanngebiet. Den Schutzvertrag unterzeichneten die Talgemeinden, der Walliser Bund für Naturschutz, der Schweizer Heimatschutz und die Sektion Monte Rosa des Schweizer Alpen-Clubs SAC.

In Fionnay beginnt, zuerst gemächlich, ab Bonatchiesse dann immer steiler werdend, der Anstieg nach Mauvoisin. Bald schon liegen die Anlagen der Elektrotechnik hinter uns; einzig einige Masten begleiten den Weg.

Erlenzeisig im Lärchenwald

Bonatchiesse ist eine idyllische Verebnung mit lockerem Lärchenbestand. Schwarzerlen säumen die Ufer der Dranse de Bagnes, wo das Restwasser zwischen Urgesteinsblöcken talwärts strudelt. Das Biotop bildet die Lebensgrundlage einer reichen Vogelwelt mit zum Teil seltenen Arten. Ornithologen zählten zum Beispiel Zitronengirlitz und Erlenzeisig, Alpenmönchsmeise und Misteldrossel. Rotviolette Weidenröschen setzen einen Farbtupfer in die sonst etwas monoton wirkende Natur. Bonatchiesse bedeutet in dem vom Aussterben bedrohten Patois des Unterwallis übrigens «bon abri» = guter Unterstand. Im Restaurant Café de la Promenade lassen sich willkommene Kräfte sammeln für die nächste Etappe hinauf nach Mauvoisin.

Nun wird die Gegend wilder, rauher. Rechter Hand verläuft eine Schlucht, links winden sich Weg und Strasse bergwärts. Wo der Raum knapp wird, verläuft der Wanderweg jeweils für einige hundert Meter auf der Strasse. Diese Verbindung wurde 1950 für den Bau des Mauvoisin-Staudammes angelegt, der nun langsam ins Blickfeld rückt. Bis 1958 arbeiteten dann zuweilen mehr als 1000 Männer an der 250 Meter hohen Talsperre mit ihrer Kronenlänge von 520 Metern. Das 570-Millionen-Franken-Werk mit allen Nebenanlagen wurde 1964 in Betrieb genommen und lieferte willkommene Energie für die konsumfreudige Schweiz der Hochkonjunktur.

Blühende Waldweidenröschen säumen den Wanderweg durch das Val de Bagnes im Unterwallis.

Ein unterirdischer Bach

Unsere Ambitionen sind etwas bescheidener. Nach dem Gang durch die Zone der Wald- und Baumgrenze begnügen wir uns mit einem Abstecher über die Schwelle des Hochgebirges. Am Westende der Mauvoisin-Mauerkrone beginnt ein Weg, der längs des Stausees in einiger Höhe südwärts führt und einen guten Eindruck von der Kernlandschaft des Schutzgebietes vermittelt. Vorerst freilich bleiben Aus- und Einblicke beschränkt, verläuft der Weg doch ein Stück weit im Tunnel. Kühl und feucht ist es – doch nicht dunkel, denn die elektrische Beleuchtung (an Strom herrscht hier ja kein Mangel) weist uns den Weg.

Zeitweise tropft es von der Decke, einmal führt im Bauch des Berges der Weg über einen unterirdisch dahindonnernden Bach. So eindrücklich der Gang durch die Unterwelt ist, so sind wir doch froh, wieder unter freiem Himmel zu stehen. Jetzt zeigt sich hoch am Gegenhang der Giétro-Gletscher, dessen Schmelzwässer über glattgeschliffene Felswände in den Stausee stürzen. Verhaltene Tönungen bilden die Farbpalette: der grauweisse See, der blauweisse Gletscher, die grauen Felsen, die mattgrünen Rasen der Pioniervegetation...

Je nach Lust, Kraft und Zeit kann man vor der Rückkehr zum Gasthaus und zur Postautohaltestelle von Mauvoisin nun noch mehr oder weniger weit dem Weg über dem Westufer folgen; die Kulisse ändert sich fortan kaum mehr. Auf der Alp Ecurie de la Lia (auch L'Alia geschrieben) befindet sich bei 2115 m ü. M. der topographische Höhepunkt unserer Bergwanderung. Dann senkt sich die Route leicht der Charmotane entgegen, den Berghängen im Südwesten über dem hinteren, fjordartigen Teil des Mauvoisin-Stausees.

Am Stausee von Mauvoisin ragen kahle Granitfelsen himmelwärts.

Val de Bagnes

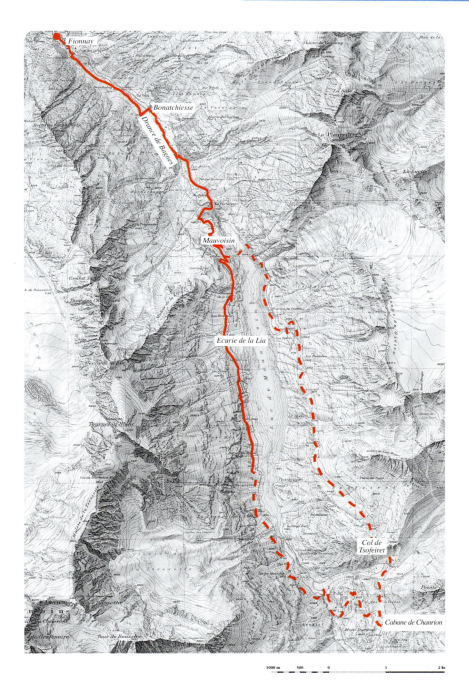

Ein aufgeweckter Gemsjäger

Diskret wie die Farben sind auch die Geräusche. Untermalt vom monotonen Rauschen der Bäche lässt sich gelegentlich der Warnpfiff eines Murmeltieres oder das Trillern der Alpenbraunelle vernehmen. Dieser spatzengrosse Bergvogel nistet während des Sommers zwischen den Felsen und zieht, unablässig nach Insekten jagend, seine Brut hoch, bevor der strenge Winter anbricht. Wer Glück – und mit Vorteil einen Feldstecher – hat, kann auch Gemsen oder Steinböcke beobachten.

Die Landschaft um Mauvoisin gilt als Geburtsstätte der Gletschertheorie. Nicht ein gelehrter Naturforscher, sondern der einheimische Gemsjäger Jean-Pierre Perraudin (in Lourtier lässt sich sein Wohnhaus mit kleinem Museum besichtigen) erkannte vor 200 Jahren hier oben, dass die Gletscher einst viel weiter ins Tal heruntergereicht haben mussten; die Findlingsblöcke im unteren Rhonetal deutete er richtig als Hinterlassenschaft einstiger Eisströme. Diese Gletschertheorie aus dem Val de Bagnes bildete das Fundament der später von Geologen erarbeiteten und heute allgemein anerkannten Eiszeitlehre.

Val de Bagnes

Informationen

Route	Fionnay – Bonatchiesse – Mauvoisin – Staumauer – Tunnelweg über dem westlichen Seeufer – Ecurie de la Lia – Charmotane – auf gleichem Weg zurück nach Mauvoisin.
Anreise	Von Martigny an der SBB-Simplonlinie mit den TMR nach Le Châble im Val de Bagnes. Von dort mit dem Postauto Richtung Mauvoisin bis Fionnay.
Rückreise	Ab Mauvoisin mit dem Postauto und dem St-Bernard-Express nach Martigny.
Wanderzeit	5–6 Stunden mit 600 Meter Steigung und 300 Meter Gefälle.
Variante	Umrundung des Stausees über den Col de Tsofeiret, Zeitbedarf ab Mauvoisin 7 Stunden. Übernachung in Mauvoisin oder in der SAC-Hütte Chanrion (2462 m ü. M.).
Karten	Landeskarte der Schweiz 1:25 000, Blatt 1346 «Chanrion».
Gaststätten	Fionnay, Bonatchiesse, Mauvoisin.
Jahreszeit	Juli bis September.
Besonderes	Wegen der Höhenlage und der Stollen-Durchquerung ist sowohl warme wie wasserdichte Kleidung empfohlen.
Internetlink	www.myswitzerland.com

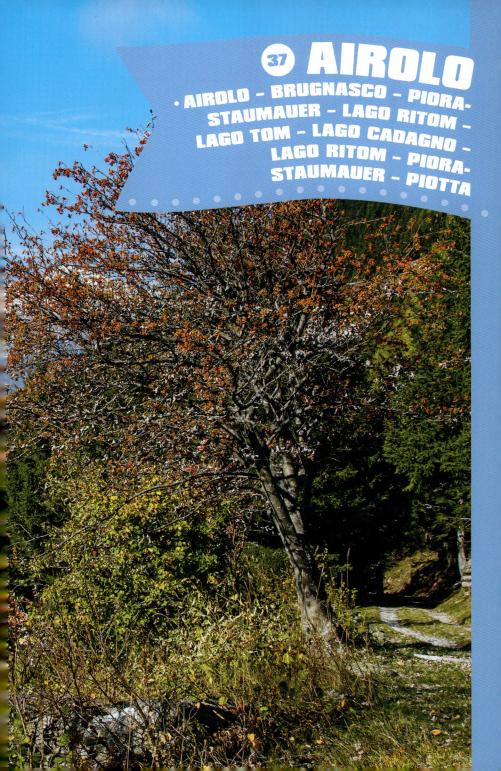

37 AIROLO

- AIROLO – BRUGNASCO – PIORA-STAUMAUER – LAGO RITOM – LAGO TOM – LAGO CADAGNO – LAGO RITOM – PIORA-STAUMAUER – PIOTTA

Lago Ritom, Tom und Cadagno

Drei stille Bergseen ob Airolo

Sonne nicht unterschätzen

Die ausgedehnte Alpe Piora ist die grösste Alp des Kantons Tessin, der Lago Ritom mit seinen 1,7 Quadratkilometer Oberfläche der grösste Tessiner Bergsee, die Standseilbahn Piora – Ritom mit ihrer maximal 88 Prozent Steigung eine der steilsten Standseilbahnen der Alpen. Rekordverdächtig in ihrer Länge ist auch diese Wanderung. Wer konditionell nicht in Topform ist, wähle lieber die Variante mit der Standseilbahn. Nicht zu unterschätzen ist auch die südalpine Sonne, zuerst am exponierten Hang, dann im Bereich schattenloser Alpweiden.

Höhenunterschiede und Südexposition sorgen aber nicht nur für Schweissausbrüche, sondern sind auch für hochinteressante Vegetationswechsel massgebend. Dazu kommt die Variation der Geländeformen vom Steilhang des Ticino-Tales zu der sanfteren Buckelregion mit den drei stillen Seen Lago Ritom, Lago Tom und Lago Cadagno. Alle drei Gewässer samt Umgebung liegen in einer Landschaftsschutzzone.

Kristallreiches Val Canaria

Airolo am Fuss des Gotthardpasses mit seinen Verkehrsanlagen liegt hinter uns, und auf dem Strada-Alta-Höhenweg streben wir während der ersten Wanderstunde dem Weiler Brugnasco zu. Unterwegs durchqueren wir das für Kristalle und schöne Steine bekannte Val Canaria. So verlockend es sein mag, einen blitzenden Brocken vom Wegrand aufzuheben: Denken wir daran, dass der Weg noch weit und stellenweise steil sein wird.

Der eigentliche Aufstieg beginnt bei Brugnasco, wo wir die Strada Alta verlassen und im Zickzack zur Piora-Staumauer am Lago Ritom emporwandern. Unterwegs erkennen wir, wie manche der mit viel Mühe angelegten Geländeterrassen nicht mehr genutzt werden. Weiter oben wird das teilweise vergandende Kulturland mit seinen

Airolo

Der Uferpfad schlängelt sich dem blauen Lago Ritom entlang.

heckengesäumten Wiesen und Weiden von Laub- und später von Nadelwald mit schönen Lärchenbeständen abgelöst. Die Bäume spenden willkommenen Schatten, und während einer Rast lohnt sich der Blick zum gegenüberliegenden Berghang. Dort erscheint die zum Ticino-Tal abfallende Halde genau so steil wie auf unserer Seite – ein Werk der Eiszeitgletscher. Verkehrte Welt im Nordtessin: Zwischen 1200 und 1800 m ü. M. ist das Gelände wesentlich steiler als weiter oben zwischen 1800 und 2200 m ü. M.

Energie für die SBB

Das markante Gefälle wird denn auch zur Energiegewinnung genutzt, und zwar für die Gotthardzüge der SBB. Die 1917 erbaute und 1957 zur Leistungssteigerung um 15 Meter erhöhte Staumauer des Ritom-

Die Standseilbahn Ritom fährt teilweise mit einer Steigung um bis zu 88 Prozent.

sees zählt zu den wenigen modernen Bauwerken im Piora-Landschaftsschutzgebiet. In gewaltigen Eisenrohren neben der Standseilbahn – als Werkbahn errichtet und noch immer durch die SBB betrieben – fällt das Ritomseewasser 800 Meter in die Tiefe zur Kraftwerkzentrale Piotta, wo Turbinen elektrischen Strom erzeugen.

Oben in der Höhe merkt man wenig von Energieerzeugung und Talverkehr. Eine Geländerippe schirmt die Zivilisationsgeräusche ab, und ausser dem Herdengeläut ist kaum ein Ton zu hören. Die abgelegene Nordtessiner Berglandschaft mit ihren ausgedehnten Grassteppen und den Seen strahlt einen seltsam herben Reiz aus. Unsere Route steigt vom Lago Ritom zuerst zum kleinen Lago di Tom auf 2022 m ü. M. hinauf, dem Kulminationspunkt des Tages. Es folgt eine Traverse hinüber zum Lago Cadagno und – nach dessen Umrundung – die Rückkehr dem Ritom-Nordufer entlang zur Staumauer

Airolo

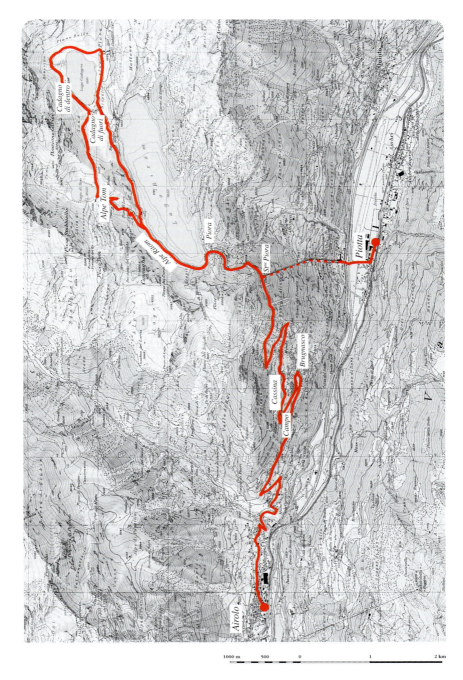

Der Lago Ritom in einem romantischen Abendrot.

Schwefelbakterien im Bergsee

Wer über die Fluren der weiten Alp Piora wandert, gibt sich wohl kaum Rechenschaft darüber, wie problematisch hier der Gesteinsuntergrund ist. Die Poira-Mulde ist eine äusserst instabile geologische Formation mit wasserführendem Lockergestein.

Während die Geologen den Geheimnissen der Erdkruste auf der Spur sind, untersuchen Biologen eine rätselhafte Erscheinung im Lago Cadagno. Der See besteht aus zwei vollständig voneinander getrennten Wasserschichten: Unten liegt schweres, mineralhaltiges Wasser, darüber wie ein Deckel mineralarmes Oberflächenwasser. Die Trennschicht in etwa elf Meter Tiefe wird von rotgefärbten Schwefelbakterien besiedelt, die schwefelhaltige Mineralsubstanz in giftigen Schwefelwasserstoff umwandeln. An der Seeoberfläche ist von diesem biochemischen Prozess allerdings nichts zu bemerken, so dass wir unser Fussbad unbesorgt geniessen können.

Informationen

Route	Airolo – Strada-Alta-Wanderweg ostwärts bis Brugnasco – Aufstieg via Cassina zur Piora-Staumauer – Lago Ritom – Lago Tom – Lago Cadagno – Lago Ritom – Piora-Staumauer – Talfahrt mit der Ritom-Standseilbahn – Piotta.
Anreise	Mit den SBB nach Airolo an der alten Gotthardlinie.
Rückreise	Ab Piotta mit dem Postauto nach Airolo.
Wanderzeit	6–7 Stunden mit 850 Meter Steigung und 200 Meter Gefälle.
Variante	Bei Hin- und Rückfahrt mit der Ritom-Standseilbahn eine Tour von 3 Wanderstunden mit nur je 200 Meter Höhenunterschied.
Karten	Landeskarte der Schweiz 1:25 000, Blatt 1252 «Ambri-Piotta».
Gaststätten	Airolo, Alpe di Piora beim Cadagno-See, Piotta.
Jahreszeit	Juni bis Oktober.
Internetlink	www.airolo.ch

38 BAVONATAL
- FOROGLIO – WASSERFALL FRODA – PUNTID – GERRA – ALP CALNÈGIA – FOROGLIO

Das einsame Tessiner Bavonatal

Wo das Wasser rinnt und rauscht

Zwischen Bergsturztrümmern

Bis 1907 verband eine Pferdepost Locarno mit dem Maggiatal, anschliessend bis 1965 dann ein romantisches Ratterbähnchen. Heute besorgt ein moderner Gelenkbus den Zubringerdienst nach Bignasco. Hier mündet das weltabgeschiedene Bavonatal ins Maggiatal. Von Bignasco aus geht es mit einem kleinen Postauto weiter nach Foroglio im mittleren Bavonatal. Die Fahrt unter himmelhohen Felsen führt in eine andere Welt, wo sich zwischen Bergsturztrümmern kleine Steinhäuser ducken. Obwohl Foroglio bloss 700 m ü. M. liegt, ist es ein richtiges Tessiner Bergdorf... und stolz auf den wohl schönsten Wasserfall im ganzen Kanton.

Ein beständiges Rauschen, das bei Hochwasser zum Donnergetöse anwächst, macht akustisch auf das Naturwunder aufmerksam. Wenig südlich des Dörfchens stürzt der Bach aus dem benachbarten Val Calnègia über eine Wand aus grauem Gneis, dem im Bavonatal vorherrschenden Gestein. Die an sich beachtliche Fallhöhe von 250 Metern wirkt in natura geringer, weil die umgebenden Berge mit einem Höhenunterschied von 2000 Metern zwischen Talboden und Gipfelflur den Massstab setzen. In der Tat haftet der Landschaft etwas Gigantisches an, und der Mensch fühlt sich bei solchen Dimensionen recht klein.

Froda verlangt Vorsicht

Froda heisst der Wasserfall von Foroglio, der – weil so abgelegen – in seiner Grössenklasse in der Schweiz touristisch wohl am wenigsten genutzt ist. «Wenn ihr zur Felskante hochgestiegen seid, müsst ihr aufpassen», mahnt der Kellner im kleinen Grotto im Dorf. Und um seine Warnung zu unterstreichen, erzählt er von einem unvorsichtigen Touristen, der nach einem Sturz in der Wand von einem Rettungshelikopter geborgen werden musste.

Bavonatal

Der Aufstieg ins Val Calègia führt zuerst durch dichten Laubwald, wo Edelkastanien ihre stachligen Hüllen auf den alten Saumpfad streuen. Eigentlich verdanken wir den schweisstreibenden Höhenunterschied einem eiszeitlichen Gletscher: Er hat vor mehr als 10 000 Jahren das Bavonatal übertieft und so die Steilstufe zum Nebental des Val Calnègia geschaffen – jene Steilstufe, über die nun der Wasserfall ins Leere stürzt. Oben bei der Alpsiedlung Puntid scheint der Bach vorerst zu zögern, ob er den Sprung wagen soll; jedenfalls schlängelt er sich der Felskante entgegen und tieft sich, wie um die Fallhöhe noch etwas zu vermindern, einige Meter in den Gneisuntergrund ein. Auf dieser Strecke sind durch das Hin- und Herpendeln des Wassers schöne Erosionserscheinungen entstanden: Hohlformen am Prallhang, Strudellöcher, glattgeschliffene Gleithang-Ufer…

Naheliegender Landschaftsschutz

Immer noch ansteigend, doch nicht mehr so steil, führt der Weg nun bachaufwärts weiter ins Val Calnègia. Hier wechseln Landschafts- und Vegetationstyp. Obwohl noch immer von hohen Bergen umgeben, erscheint dieses Nebental weiter, offener als das Val Bavona. Doch der karge Boden erschwert eine landwirtschaftliche Nutzung, die heute denn auch kaum noch wahrgenommen wird: Etliche der Alpgebäude sind in schlichte Rustici (Wochenend- oder Ferienhäuschen) umgewandelt worden, und der Wald – Buschwerk, Nadelholz – nimmt langsam Besitz von manchen Weiden. Nach und nach zerfallen auch die letzten Splüi, die für die Region typischen

Foroglio im Val Bavona: Das ganze Tal und seine mit der Landschaft verwachsenen Tessiner Steinhäuser stehen unter Schutz.

Alte Steinbrücke im Bavonatal.

Höhlenwohnungen. Dass hier noch bis vor kurzem Menschen in Höhlen hausten (wenn auch nur für eine gewisse Zeit im Sommer), lässt erahnen, wie arm die Gegend gewesen sein muss.

Armut der Bevölkerung, doch Reichtum der Natur: Wo menschliches Wirken sich auf ein Minimum beschränkt, bleibt die Landschaft von selbst geschützt. Die Aufnahme des Bavonatals mit seiner ganzen Umgebung ins Bundesinventar der Landschaften und Naturdenkmäler von nationaler Bedeutung (BLN) hat sicher seine Berechtigung, ist im Grunde aber wohl ein Zeichen der Schwäche – man schützt, was ohnehin nicht ernsthaft bedroht ist, und überlässt der Verschandelung, was sich im heutigen politischen Klima kaum wirksam bewahren lässt.

Walliser in Italien

Bei der Alp Calnègia auf 1108 m ü. M. heisst es umkehren; auf gleichem Weg – doch nun mit einem ganz anderen Landschaftseindruck – geht es zurück nach Foroglio. Vor der Umkehr noch ein Blick nach Westen, wo ein imposanter Felszirkus den Talschluss bildet. Irgendwo windet sich eine Pfadspur hinauf zum Passo Cazzòla auf 2411 m ü. M., dem Übergang ins italienische Val Formazza. Dieses hat, weil von Walsern besiedelt, auch einen deutschen Namen, Pomat, und manche Formazza-Dörfer lauten zweisprachig: Valdo/Wald, Ponte/Zumsteg, Grovella/Gurfelen, Canza/Früttwald. Im Mittelalter kamen die Walser über den Griespass aus dem Wallis gezogen und besiedelten das damals noch unbewohnte Tal. Einige dieser Walser wanderten weiter ins Tessin und gründeten das Dorf Gurin (italienisch Bosco) wenig südlich des Val Bavona.

Informationen

Route	Foroglio im Bavonatal – Wasserfall Froda – Puntid im Nebental Val Calnègia – Gerra – Alp Calnègia – auf gleichem Weg zurück nach Foroglio.
Anreise	Vom Bahnhofplatz Locarno mit dem Maggiatal-Bus nach Bignasco, von dort mit dem Bavonatal-Postauto Richtung San Carlo bis Foroglio.
Rückreise	Siehe Anreise.
Wanderzeit	4 Stunden mit je 400 Meter Steigung und Gefälle.
Variante	Im Val Calnègia nur bis zur Alpsiedlung Gerra, dann nach Foroglio zurückkehren, eine knappe Wanderstunde weniger.
Karten	Landeskarte der Schweiz 1:25 000, Blatt 1271 «Basòdino».
Gaststätte	Grotto in Foroglio.
Jahreszeit	Mai bis Oktober. Besonders eindrücklich ist der Wasserfall während der Schneeschmelze im späten Frühling oder nach Sommerregen.
Besonderes	Da nur wenige Postautokurse vom Maggiatal ins Bavonatal verkehren, kann man die Strecke Cavergno (Endstation Maggiatal-Bus) – Foroglio in etwa zwei Stunden auf einem Wanderweg in Strassennähe zurücklegen.
Internetlink	www.myswitzerland.com

39 MONTE SAN GIORGIO

- CAPOLAGO – RIVA SAN VITALE – MONTE SAN GIORGIO – ROCUL – RONCO DEI BOCH – S. ANTONIO – MERIDE

Eine Vulkan-Expedition im Tessin

Durch den Dschungel nach Meride

Heiden am Luganersee

Vor gut hundert Jahren noch war Capolago am Südende des Luganersees ein Fischernest, von den Einheimischen in ihrem Tessiner Dialekt mit den vielen ä-, ö- und ü-Lauten «Codilägh» genannt. Heute gehört der Ort zum Siedlungsbandwurm, der entlang von Gotthard-Bahnlinie, Hauptstrasse und Autobahn die Agglomerationen Lugano und Mendrisio/Chiasso miteinander verbindet. Zusammengewachsen ist Capolago auch mit dem benachbarten, ruhiger gelegenen Riva San Vitale, mit dem es sich den Bahnhof teilt. Vor dem Beginn unserer Vulkan-und-Dschungel-Expedition am Monte San Giorgio über Riva San Vitale gibt es ein kurzes Kulturprogramm zu absolvieren: Fast ist man erstaunt, dass zwischen so vielen in den letzten Jahrzehnten lieblos hingeklotzten Gebäuden doch noch einige historische Bauwerke zu finden sind. In Riva San Vitale handelt es sich um die Renaissance-Kirche S. Croce aus dem 16. Jahrhundert (die schönste ihrer Art der Südschweiz) im Norden und das frühchristliche Gotteshaus S. Vitale (das älteste des Tessins überhaupt) im Süden des Dorfes. Als San Vitale während des 5. Jahrhunderts gebaut wurde, lebten in der gebirgigen Umgebung des Luganersees noch Heidenstämme, die es zu taufen galt; deshalb gehört zum Kirchenbau eine sehenswerte Taufkapelle, das Battistero.

Lavaströme vor 250 Jahrmillionen

Hier beginnt der Aufstieg zu der eben erwähnten Bergwildnis. Nach wenigen Schritten liegt die Siedlung hinter uns, und in einem düsteren Hohlweg gewinnen wir an Höhe. Dieser Anstieg, mit Hilfe der Karte nicht zu verfehlen, ist zwar etwas weniger bequem als der markierte Wanderweg nach Meride, der beim Friedhof beginnt, doch bietet er bessere Einblicke ins Fundament des Monte San Giorgio. Rötliches Gestein, wie es in der Schweiz nirgendwo sonst vorkommt, zeugt von vulkanischer Entstehung. Allerdings sind seit der Zeit, da Lavaströme aus Vulkanschloten brachen, schon etliche Jahrmillionen verstrichen – deren 250, wie Geologen versichern. Wenig wahrscheinlich also, dass unsere Expedition von einer neuerlichen Eruption unterbrochen wird. So können wir uns in aller Ruhe der eigentümlichen Pflanzenwelt zuwenden.

In aller Ruhe, doch leider nicht in aller Stille. Denn vom Gegenhang des Monte Generoso macht sich, wenn auch unsichtbar, die Gotthard-Autobahn akustisch bemerkbar. Statt Affengeschrei, wie es zur dschungelartigen Vegetation wohl passen würde, begleitet uns durch diese Landschaft von nationaler Bedeutung also das Motorengeräusch des Transitverkehrs. Als vor einigen Jahren Naturschutzkreise darüber diskutierten, ob in der Schweiz ein weiterer Nationalpark zu errichten sei, gehörte der Monte San Giorgio mit seiner grün wuchernden Waldwildnis zu den Favoriten. Selbst wenn der Parkgedanke inzwischen fallengelassen wurde, muss der Bergwald nicht um seinen Bestand fürchten: Hier im Tessin konzentriert sich, stärker als auf der Alpennordseite, wirtschaftliche Entwicklung auf die Tallagen, während die Nutzung der Bergregionen markant abnimmt. Auf diese Weise entsteht ganz von selbst mit der Zeit eine Art Urwald, dessen wenige Lichtungen – einstige Alpweiden – inzwischen fast überwuchert sind.

Santa Croce aus dem 16. Jahrhundert in Riva San Vitale ist die schönste Renaissance-Kirche der Südschweiz.

Maultierpfad unter Kastanien

Auch unser Weg legt Zeugnis vom Wirtschaftswandel ab, der diesem Landschaftswandel zugrunde liegt. Es ist eine alte Mulattiera, ein Maultierpfad. Weil er seit Jahrzehnten nicht mehr seiner Bestim-

Saurier gehören zum Monte San Giorgio – sei es als Versteinerungen oder wie hier als Klettertier aus Holz.

mung gemäss benützt wird, zerfällt er langsam. Aus Vulkangestein sorgfältig geschichtetes Mauerwerk löst sich stellenweise und stürzt im Hohlweg auf das Trassee, während andernorts Regenwasser die Fundamente unterspült hat und ganze Teilstücke abrutschen liess. Stachelschalen und braunglänzende Früchte von Edelkastanien entlang unserer Route sind ein weiterer Hinweis auf das Verschwinden traditioneller Lebensformen. Jahrhundertelang gehörten Kastanien zur täglichen Nahrung der Landbevölkerung – heute macht sich kaum mehr jemand die Mühe, diese Marroni zu sammeln.

Eigentlich sind die Kastanien Fremdlinge im Naturwald, sie wurden durch die Römer vor 2000 Jahren als Nutzpflanzen eingeführt. Doch inzwischen gehören sie mit gutem Recht zur typischen Tessiner Vegetation.

Mäusedorn und Zaunrübe

Weil unser Expeditionsgebiet kaum je Schnee kennt, kann die Wanderung nach Meride auch im Winter unternommen werden. Freilich erscheint zu dieser Jahreszeit die Pflanzenwelt weniger interessant

Monte San Giorgio

als im Sommerhalbjahr. Dann macht üppiges Grün den Monte San Giorgio tatsächlich zum Urwald. Überall Schlingpflanzen, Farne, Moose... Hier findet man Pflanzen, wie sie sonst selten auf so engem Raum anzutreffen sind: spitzer Mäusedorn neben violetten Zyklamen, gelbe Salbei und rotfruchtende Eiben. Rote Akzente mit ihren Früchten setzt auch die Zaunrübe, ein Kürbisgewächs mit im Herbst früh schon gilbenden Blättern, das sich – selbst eine Schlingpflanze – an andern Lianen emporrankt.

Nach der Botanik zurück zur Geologie. Unweit einer Waldhütte bei Rocul erregt ein Gesteinswechsel Aufmerksamkeit: Der rötliche Porphyr vulkanischer Entstehung wird von hellem Dolomit abgelöst. Auf der Westseite des Monte San Giorgio sind in Dolomitsteinbrüchen Skelette von Sauriern zum Vorschein gekommen; einige von ihnen sind im Dorfmuseum unseres Wanderziels Meride (nicht zu verwechseln mit Melide am Seedamm) ausgestellt.

Um nach Meride zu gelangen, gilt es noch einen Steilaufstieg von fast 200 Höhenmetern zu bewältigen, was etwas leichter fällt, da wir inzwischen auf den offiziellen, markierten Wanderweg gestossen sind. Unterwegs im dichten Wald öffnet sich dann und wann kurz der Ausblick ins Mendrisiotto. Dieses südlichste Siedlungsgebiet der Schweiz hat eine rasante wirtschaftliche Entwicklung hinter sich und zählt inzwischen zur Grossagglomeration der Millionenstadt Mailand.

Informationen

Route	Capolago – Riva San Vitale – Ostflanke des Monte San Giorgio – Rocul – Ronco dei Boch – S. Antonio – Meride.
Anreise	Mit den SBB von Capolago-Riva nach San Vitale.
Rückreise	Von Meride mit dem Postauto nach Medrisio.
Wanderzeit	2–3 Stunden mit 350 Meter Steigung.
Variante	Von Meride weiter nach Arzo an der gleichen Postautolinie, etwa eine Stunde mehr. Unterwegs interessante Marmorbrüche (Cava di marmo).
Karten	Landeskarte der Schweiz 1:25 000, Blatt 1373 «Mendrisio».
Gaststätten	Capolago, Riva San Vitale, Meride, Arzo.
Jahreszeit	Ganzjährig.
Besonderes	Ideal zu kombinieren mit der folgenden Monte-Generoso-Wanderung.
Internetlink	www.montesangiorgio.org

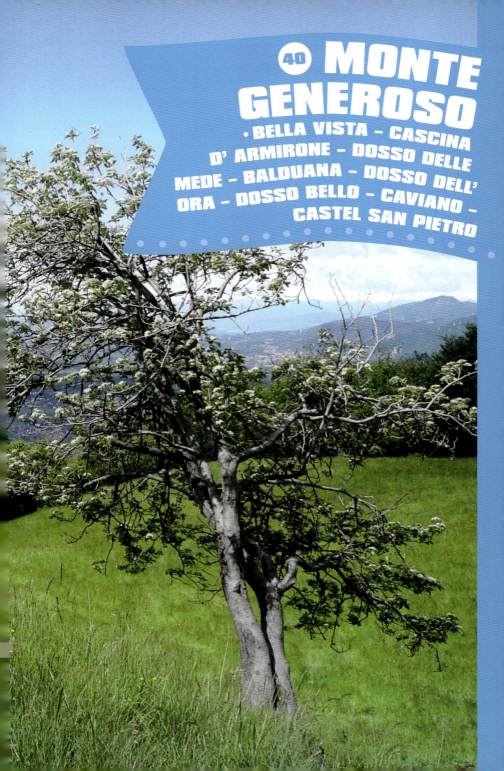

40 MONTE GENEROSO

- BELLA VISTA – CASCINA D' ARMIRONE – DOSSO DELLE MEDE – BALDUANA – DOSSO DELL' ORA – DOSSO BELLO – CAVIANO – CASTEL SAN PIETRO

An der Monte-Generoso-Südflanke

Entzückender Rücken Dosso Bello

Rundblick ohne Düsendonner

Erstaunlich behende klettert die blau-rote Zahnradbahn durch klüftigen Kalkfels und steilen Gebirgswald vom Ufer des Luganersees bei Capolago zum Aussichtsgipfel Monte Generoso empor. Wer sich Zeit nimmt, und hier im Südtessin sollte man sich Zeit nehmen, lässt sich vor Beginn unserer Wanderung bis zur Bergstation hochtragen: mühelos, aber nicht gerade kostenlos.

Die umfassende Aussicht lässt den Fahrpreis vergessen. Obwohl es der Generoso nur gerade auf 1701 m ü. M. bringt, muss sein Rundblick hinter kaum einem Dreitausender-Panorama zurückstehen. Dafür gibt es zwei Gründe: erstens die Lage am Alpenrand, wo grössere «Konkurrenten» fehlen, und zweitens der beträchtliche Höhenunterschied zum Seespiegel auf 271 m ü. M. Berge in exponierter Position sind ideale Standorte für Anlagen der Telekommunikation. So müssen wir denn die Aussicht mit einem wenig eleganten Fernmeldeturm teilen, und auch das Restaurant kann kaum als Meisterwerk naturverträglicher Architektur bezeichnet werden. Die Bergstation wie der um 100 Meter höhere Gipfel liegen hart an der Landesgrenze zu Italien. Diese Situation hat zur Folge, dass der Generoso nicht von lärmigen Militärflugzeugen umschwirrt wird – ein Vorzug, den wir auch später auf unserer Wanderung über die Südflanke hinunter nach Castel San Pietro schätzen.

Tagestour statt Sommerfrische

Die Wanderung, praktisch alles bergabwärts, beginnt bei der Zwischenstation Bella Vista auf 1221 m ü. M. Der Ortsname bedeutet «schöne Aussicht», und wer auf den Abstecher zum Generoso-Gipfel verzichtet hat, kann hier mindestens einen Teil des Panoramas geniessen – vor allem den Tiefblick zum Luganersee.

Monte Generoso

Vor dem Aufbruch zur Tour am Monte Generoso ein Blick vom Aussichtspunkt Bella Vista auf den Luganersee.

Geniessen wir drei bis vier Stunden Luftkur auf dem windumspielten Bergrücken, der sich von Bella Vista südwärts zieht und der die zwischen Mendrisio und Chiasso abfallende Generoso-Flanke gliedert. Im Gegensatz zur überaus steilen Westseite des Berges über dem Luganersee herrschen hier rundere Geländeformen vor. Dann und wann über eine Asphalt-Strecke (wo gibt es denn noch ein vollkommenes Paradies?) führt der gut markierte Weg vorerst in sanftem Auf und Ab, harmonischem Hin und Her zum Dosso Bello, dem «schönen Rücken». Unterwegs ist von den Völkerscharen, die einander auf dem Generoso-Gipfel auf die Füsse treten, nichts mehr zu bemerken. Die wenigen Wandernden gönnen sich beim Begegnen gerne einen Gruss – in der Regel eher ein «Grüezi» als das «Buon giorno» der Einheimischen.

Schnecke spielt Schicksal

Bei Caviano – das Grotto hier ist leider eingegangen – wird die 1000-Meter-Höhenmarke unterschritten. Nun weitet sich der Blick ins dichtbesiedelte Mendrisiotto, zum Südrand der Schweiz. Richtung Osten hingegen wird das wilde Muggiotal sichtbar, auf dessen schluchtartig eingeschnittenem Grund die Breggia dem Comersee entgegenströmt.

Der Kontrast zwischen dem bewaldeten Bergland längs unserer Wanderroute und dessen verkehrsdurchbrauster Fussregion hat sicher dazu beigetragen, dass der Monte Generoso ins Bundesinventar der Landschaften und Naturdenkmäler von nationaler Bedeutung (BLN) aufgenommen wurde. Schützenswert sind zum Beispiel die vielen südländischen Pflanzen- und Tierarten. Für die Nacktschnecke Tandonia nigra ist in der ganzen Schweiz kein anderer Standort bekannt. Die Schnecke spielte vor einigen Jahren eine Schlüsselrolle bei der Umweltverträglichkeitsprüfung für ein Bauvorhaben: Weil ihr Fort-

Silberdisteln zeigen an, dass der Herbst gekommen ist – und die Wanderzeit dem Ende entgegengeht.

Monte Generoso

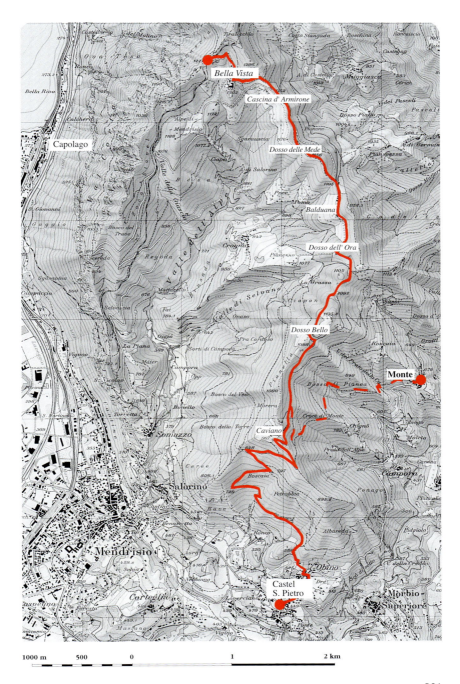

Die Gemeinde Castel San Pietro aus der Ferne.

bestand gefährdet erschien, konnte eine Ferienhaussiedlung nicht realisiert werden. Aus Gründen des Landschaftsschutzes musste ausserdem ein Zementwerk auf umfangreiche Waldrodungen im Rahmen von Erweiterungsplänen verzichten.

Dass die Zementindustrie nicht nur mit der Natur, sondern auch mit der Kultur in Konflikt geraten kann, zeigt sich in unserem Wanderziel Castel San Pietro. Hier drohte die frühmittelalterliche Kirche San Pietro einzustürzen, weil der Kalkabbau in der nahen Breggia-Schlucht ihre Fundamente untergraben hat.

Monte Generoso

Informationen

Route	Bella Vista ob Capolago – Cascina d'Armirone – Dosso delle Mede – Balduana – Dosso dell'Ora – Dosso Bello – Caviano – Abstieg nach Castel San Pietro.
Anreise	Mit den SBB bis nach Capolago-Riva San Vitale am Luganersee, dann mit der Monte-Generoso-Bahn bis zur Zwischenstation Bella Vista.
Rückreise	Ab Castel San Pietro mit dem Postauto nach Mendrisio.
Wanderzeit	3–4 Stunden mit 800 Meter Gefälle.
Variante	Ab Caviano Hangtraverse nordostwärts zum Dorf Monte im Valle di Muggio an der Postautolinie Casima – Castel San Pietro – Mendrisio. Schmaler Pfad, aber weniger Gefälle als bei der Standardroute; Wanderzeit etwa gleich.
Karten	Landeskarte der Schweiz 1:25 000, Blatt 1373 «Mendrisio» (für einen Abstecher zum Generoso-Gipfel ausserdem Blatt 1353 «Lugano»).
Gaststätten	Bella Vista, Balduana (Grotto, nicht immer geöffnet), Castel San Pietro.
Jahreszeit	Frühling bis Herbst.
Internetlink	www.montegeneroso.ch

BILDNACHWEIS

Alle Fotos von Auf der Maur, Bern, ausser:

S. 8–20, SNP/Hans Lozza;

S. 22–23, Andrea Badrutt, Chur;

S. 25–26, Archiv TESSVM;

S. 28–32, Valposchiavo Tourismus, © Roberto Moiola, www.valposchiavo.ch;

S. 34–39, Chur Tourismus,

S. 32–33, Destination Davos Klosters;

S. 48–49, Thurgau Tourismus, © Raffael Soppelsa;

S. 55, Thurgau Tourismus – Foto: unbekannt;

S. 58–59, Pro Natura St. Gallen-Appenzell;

S. 66–69, www.peterphoto.ch;

S. 70, Gemeinde Lütisburg

S. 72–73, Christian Perret

S. 75, Wikimedia Commons/ Tschubby, commons.wikimedia.org. Veröffentlicht unter der Creative Commons Attribution-Share Alike 3.0 Unported Lizenz. (https://creativecommons.org/licenses/by-sa/3.0/deed.en);

S. 76, Schaffhauserland Tourismus;

S. 78, Wikimedia Commons/https://commons.wikimedia.org/wiki/File:Beggingen_im_Randental.JPG (c) Wandervogel, veröffentlicht unter CC-BY-SA 4.0 (https://creativecommons.org/licenses/by-sa/4.0/)

S. 80–83, LSB Golzern;

S. 84, Uri Tourismus, © Michael Meier;

S. 86–91, © Robert Schnyder;

S. 92, Ferienregion Andermatt;

S. 94–95, Stoos-Muotatal Tourismus, © Christian Perret;

S. 97, Stoos-Muotatal Tourismus, © Tina Schelbert;

S. 98, Stoos-Muotatal Tourismus, © Christian Perret;

S. 100–101, Fotolia;

S. 103, Pixabay;

S. 104, Fotolia;

S. 106–107, Fotolia;

S. 111, Giswil Tourismus © Mäggie Lagemaat;

S. 114–115, UNESCO Biosphäre Entlebuch;

S. 121–122, UNESCO Biosphäre Entlebuch;

S. 124–125, Fotolia;

S. 130, Pixabay;

S. 132–136, Baselland Tourismus;

S. 138–141, Baselland Tourismus zvg, © Guido Schärli, Hölstein;

S. 144–148, Republik und Kanton Jura/Jura Tourismus;

S. 152–158, Republik und Kanton Jura/Jura Tourismus;

S. 160–164, Tourismus Biel Seeland, © Stefan Weber;

Bildnachweis

S. 166, Pixabay;

S. 168–169, BirdLife Naturzentrum La Sauge, svs@birdlife.ch;

S. 172, BirdLife Naturzentrum La Sauge, svs@birdlife.ch;

S. 174–175, Bern Tourismus;

S. 180, Bern Tourismus;

S. 182–183, Beatenberg Tourismus;

S. 188, Beatenberg Tourismus;

S. 190–191, Jungfrau Region Tourismus;

S. 197–198, Jura Bernois Tourisme, Yann Bourquin;

S. 199, Jura Bernois Tourisme, Parc regional Chasseral;

S. 201, Beat App;

S. 204–205, Vincent Bourrut;

S. 207–208, Tourisme neuchatelois;

S. 212–213, Matthias Taugwalder;

S. 215, René Rychener, www.wanderungen.ch;

S. 216, Pixabay;

S. 218, Gerard Benoitala Guillaume;

S. 220–221, YlBR Yverdon Grande Caricaie, © Benoit Renevey;

S. 228–229, Parc Jura vaudois;

S. 236, Guillaume Megevand 2014;

S. 238–242, Binn Tourismus;

S. 246–249, Andrea Walter;

S. 250, Pixabay;

S. 252–253, Turtmanntal Tourismus zvg

S. 255, Raphael Schmid

S. 256–257, Turtmanntal Tourismus zvg

S. 260–263, Val d'Hérens Tourisme;

S. 266–267, © VERBIER PROMOTION;

S. 269, Pixabay;

S. 270, © VERBIER PROMOTION, AMStudio;

S. 274–275, Ticino Turismo;

S. 277, hikeTicino;

S 278–280, OTR Bellinzonese e Alto Ticino;

S. 282–283, hikeTicino;

S. 286, hikeTicino;

S. 298–299, Mendrisio Turismo;

S. 293, Mendrisio Turismo;

S. 296–297, Mendrisio Turismo;

S. 302, Ticino Turismo;

S. 304, Ascona-Locarno Tourism, © Alessio Pizziccannella;

S. 306, Beatenberg Tourismus

S. 308–309, Beatenberg Tourismus;

S. 310–311, Valposchiavo Tourismus, © Roberto Moiola, www.valposchiavo.ch